APRENDENDO COM OS ERROS

MARCAS
À PROVA DE PRÁTICA

K17m Kapferer, Jean-Noël
        Marcas à prova de prática: aprendendo com os erros / Jean-Noël Kapferer; trad. Carolina Huang. – 2.ed. – Porto Alegre : Bookman, 2004.

        1. Administração – Marketing. I. Título.

        CDU 658.8.012.12

Catalogação na publicação: Mônica Ballejo Canto – CRB 10/1023

ISBN 85-363-0368-9

JEAN-NOËL KAPFERER

MARCAS
APRENDENDO COM OS ERROS
À PROVA DE PRÁTICA

2ª edição

Tradução:
CAROLINA HUANG

Consultoria, supervisão e revisão técnica desta edição:
TENIZA DA SILVEIRA
Doutora em Administração
Professora da Unisinos

2004

Obra originalmente publicada sob o título:
Les marques à l'épreuve de la pratique
© Éditions d'Organisation, 2000, 2002

ISBN 2-7081-2734-9

Capa:
TATIANA SPERHACKE

Preparação do original:
LETICIA VASCONCELLOS ABREU

Supervisão editorial:
ARYSINHA JACQUES AFFONSO

Editoração eletrônica:
AGE – ASSESSORIA GRÁFICA E EDITORIAL LTDA.

Reservados todos os direitos de publicação em língua portuguesa à
ARTMED® EDITORA S.A.
(Bookman® Companhia Editora é uma divisão da Artmed® Editora S.A.)
Av. Jerônimo de Ornelas, 670 – Santana
90040-340 – Porto Alegre, RS, Brasil
Fone: (51) 3330-3444 Fax: (51) 3330-2378

É proibida a duplicação ou reprodução deste volume, no todo ou em parte,
sob quaisquer formas ou por quaisquer meios (eletrônico, mecânico, gravação,
fotocópia, distribuição na Web e outros), sem permissão expressa da Editora.

SÃO PAULO
Av. Rebouças, 1.073 – Jardins
05401-150 – São Paulo, SP, Brasil
Fone: (11) 3062-3757 Fax: (11) 3062-2487

SAC 0800 703-3444

IMPRESSO NO BRASIL
PRINTED IN BRAZIL

Introdução

Nas empresas, o interesse pelas marcas não parou de crescer. Elas são o seu capital e, por isso, devem ser administradas com atenção. De fato, como preço de seu sucesso, as marcas são o centro das atenções de todos, em todos os níveis, desde a diretoria geral preocupada com a reputação, a diretoria financeira preocupada com a valorização do balanço, até a diretoria comercial e o *marketing* na luta competitiva. Como conseqüência direta de sua importância, todos estão interessados nas marcas. Em relação a 15 ou 20 anos atrás, o nível de competência das empresas também deu um salto significativo: atualmente, qual o empresário que não sabe o que é uma marca? Os conceitos de identidade e de capital de marca são bem-conhecidos nas empresas. Em resumo, as verdades foram ditas e reditas – e ouvidas. Porém, como o seu nome indica, o "*man*agement" (gerenciamento) das marcas é realizado por pessoas (*man*). Se não é mais o momento de relembrar conceitos e definições, é tempo, entretanto, de mostrar como *a boa lógica da marca* nem sempre é respeitada no cotidiano.

Todos declaram conhecer e servir sua marca, alimentá-la, reforçá-la, desenvolvê-la, mas a realidade mostra que a teoria está longe da prática. É verdade que, na concorrência incrementada das empresas, a rapidez de decisão e reação se sobressai. Nesse contexto, alguns desgovernos sistemáticos vêm à tona, surgem alguns reflexos bastante prejudiciais às marcas. Esses erros e desgovernos são interessantes para diagnosticar e analisar, para aprender com eles.

É para essa análise, essa objetivação, que convidamos os leitores, os administradores de marcas de fabricante ou de revendedor, os consultores, ou simplesmente os apaixonados por marcas.

Sumário

PARTE I
CONSTATAÇÃO: situando a prática das marcas

Saber o que é uma marca – ou a identidade da marca – é algo geralmente bem conhecido hoje em dia. Porém, isso é diferente de entender a lógica da marca, as competências de sua valorização e de seu funcionamento e as chaves da gestão da marca na temporalidade, a fim de aumentar seu valor, sua força e seu poder de mercado.

1 A convergência das culturas de marca 13
- Culturas oriental e ocidental 13
- A escalada do corporativo 15
- Convergências 16
- Transversalidades 16
- Múltiplas mães 17

2 A escalada das supramarcas 19
- A distribuição maximiza o efeito de poder 20
- A ênfase na fidelização 22
- A concentração de clientes 23
- A sociedade do risco 23
- A escalada dos líderes de opinião 25
- A mundialização dos negócios 25
- A concentração de recursos 26
- A preocupação dos acionistas 27
- A volta do cidadão 28

3 Do risco ao desejo: qual a função de cada marca? 30
- Risco e desejo 31
- Marcas próprias e fabricante 32
- Fidelidade e inovação 35
- O sentido da missão 36

- Marcas líderes e desafiantes 37
- Marcas generalistas e marcas especialistas 38

4 O produto e a marca 39
- O ciclo de vida da marca 40
- Retorno à identidade da marca 42
- Qual é o contrato para as marcas próprias? 43
- Transparência e opacidade 45

5 Marca ou não marca? 47
- A marca não substitui o *marketing* 47
- Qual é o retorno do investimento? 48
- Em qual nível situar a marca? 48
- O novo atrativo das marcas de ingredientes 50
- Mudar de nível? 51

6 O fim das marcas locais? 53
- O império contra-ataca 54
- Globalização ou ocidentalização? 55
- Complô contra as marcas locais 56
- O valor das marcas locais 58
- Um rejuvenescimento necessário 60

7 A era da eficiência 62
- Relação dos fatos 62
- Hierarquizar as prioridades 64
- Transparência e eficiência 65
- ECR e o gerenciamento de marcas 66
- A eficiência pela relação ao país 67

8 O que significa consumo corrente 69
- Os bens de consumo de massa (FMCG) 69
- A aceleração das tecnologias 71
- O fim do monolitismo 71
- A marca como sistema vivo 72
- Rapidez e globalização 73

9 O desafio da Internet 74
- A *megastore* virtual 74
- Evite a recusa de serviço 75
- O desafio da transparência 78
- O desafio da competência 80
- O desafio da matéria viva 81

PARTE II
OBSERVAÇÕES: a lógica da marca em questão

Aqui propomos uma focalização nos desgovernos mais freqüentes do gerenciamento diário das marcas, a partir de exemplos ricos e variados, que permitirão analisar objetivamente o modo de gerenciamento das marcas nas próprias empresas.

1 Devemos parar de descapitalizar 85
- O reflexo da descapitalização 85
- Falsos cálculos 86
- Por que esse desgoverno sistemático? 87
- O duro despertar da concorrência 88
- Comunicar de forma transversal 89
- Capitalizar também sobre os produtos 89

2 Saber se impor 91
- Do concreto ao abstrato, ... 91

3 Revele todos os seus valores 95
- Os limites da Proposição Única de Venda 95
- Cada valor determina seu alvo 96
- A redescoberta dos líderes de opinião 97
- Imagem pública e imagem privada 97

4 Pense primeiro na massa crítica 99
- Os efeitos de limiar associados à massa 99
- Revolução nos portfólios de marcas 101
- As exigências do *market space* 103
- Redefinir a vitória 104

5 Imagem de marca não é uso de marca 106
- Freando a preocupação com o volume 107
- Construir a matriz estratégica 108
- O *marketing* das situações 110
- Um caso de escola: o mercado da telefonia 113
- Consumo e penetração 115

6 Renove a relação perdida 116
- Além da venda 116
- Contrato relacional 118
- Fazer em conjunto 119

- A oportunidade da Internet 120
- Lugares de marcas 121
- A era dos consu-atores 122
- O *marketing* das afinidades 123

7 Simplifique o portfólio de marcas 125
- Em busca da megamarca 126
- Integrar a prateleira 127
- Distribuir os papéis 128
- Papéis principais e coadjuvantes 129
- Quais são os critérios para a segmentação? 130
- Responder ao circuito de distribuição 130
- As restrições do internacional 132

8 Justifique a extensão de marca 133
- A falsa acusação contra a extensão 134
- Alguns motivos errados para a extensão 135
- Quando a extensão é estratégica? 137
- Desgovernos orçamentários 139
- Escolher os territórios de extensão 141
- Como avaliar as extensões? 143

9 Antecipe a usura do tempo 145
- O paradoxo da marca 145
- Mudar para dual 147
- Conhecer o núcleo central da marca 148
- Fidelize: os limites do pensamento único 149
- A vala geracional 150
- Para um *marketing* duplo 152
- Um procedimento permanente 154
- Criar novos protótipos 154
- Fundo de marca e frente de marca 155
- Audácia da comunicação 155
- Reposicionamentos: libere os obstáculos do passado 156

Conclusão 159

Índice das marcas citadas 161

Índice 169

Parte I

CONSTATAÇÃO:
situando a prática das marcas

Saber o que é uma marca – ou a identidade da marca – é algo geralmente bem-conhecido hoje em dia. Porém, isso é diferente de entender a lógica da marca, as competências de sua valorização e de seu funcionamento e as chaves do gerenciamento da marca na temporalidade, a fim de aumentar seu valor, sua força e seu poder de mercado.

1

A convergência das culturas de marca

A marca é um conceito falsamente simples. Qualquer pessoa pode, de imediato, dar um exemplo de marca, de uma marca típica, mas poucos podem dar uma definição dela, como se as definições que vêm à mente surpreendessem por sua incompletude. Alguns falam em nome conhecido de um produto; outros, em valor agregado, em imagem, promessa, valores; e outros, ainda, em símbolo de diferenciação do produto e valorização do consumidor. Na verdade, todos têm um pouco de razão: a marca é tudo isso ao mesmo tempo. Não existe marca sem produto, sem símbolos e sem imagem (representação coletiva). A marca é simultaneamente a parte e o todo: é sinal de produto ou serviço, mas também o valor global abordado com promessas de satisfação material e imaterial.

Essa complexidade da marca faz com que não se possa ser categórico nem simplista nas afirmações a seu respeito. Além disso, a realidade da marca moderna leva à consciência da existência de diferentes tipos de marcas. Disso resultam as polêmicas que escondem o fato de que, na realidade, ninguém fala exatamente sobre a mesma coisa. A marca, para o falecido Forrest Mars, era o nome do seu famoso chocolate. Para o presidente da Sony, é o símbolo da qualidade e do progresso das comunicações. De fato, existem duas grandes culturas da marca, que correspondem às visões ocidental e japonesa da marca.

CULTURAS ORIENTAL E OCIDENTAL

Implicitamente, toda a reflexão ocidental sobre as marcas foi formada por empresas como a Procter & Gamble ou a Mars. Estas nasceram e prosperaram graças a produtos com um *plus*, e a publicidade conferiu-lhes notoriedade e personalidade. São as defensoras da marca-produto. Os conceitos de gerenciamento decorrentes são resultado dessa origem. A palavra-chave é diferenciação. A marca está aí para diferenciar dois produtos ou serviços: ela se insere em um processo de divisão do mercado, de segmentação. O ideal seria cada nova divisão dar lugar a uma nova marca. As palavras são *targeting* e posicionamento (percepção comparativa em relação a concorrentes dos quais querem se distinguir).

No Japão, nada é mais estranho à cultura de marca do que essa divisão sem fim. Basicamente, os japoneses gostam dos nomes que, longe de dividir, separar, cindir, têm a função inversa: reunir, englobar, partilhar os recursos, criar vínculos. Assim, não há certeza quanto à existência de um equivalente em japonês para a expressão extensão de marca (em inglês, *brand stretching*). De fato, um dirigente da Yamaha não teria a idéia de usar nomes de marcas diferentes para os ramos de motos e de pianos clássicos. Quanto mais produtos de qualidade e renome existirem com o nome Yamaha no mundo inteiro, maiores serão o valor desse nome e o orgulho dos funcionários. O Japão produziu uma cultura de marca diretamente inspirada por sua concepção de empresa.

Aliás, boa parte das marcas mundiais japonesas são nomes de grupos: Mitsubishi, Sony, Toshiba, Matsushita etc. No Japão, a reputação da empresa é mais importante do que o produto. Até recentemente, não era assim no Ocidente, exceto no mundo do *business-to-business*. Na verdade, isso corresponde a dois modelos de comportamento dos compradores:

- *O Ocidente funciona a partir do modelo da apropriação do objeto.* É por isso que estimulamos sua identidade com elementos imateriais. Os critérios de avaliação da marca são diferenciação e pertinência.
- *O Japão funciona a partir do modelo da fidelidade.* O que conta é construir uma confiança associada a um único nome. O nome da empresa é o melhor candidato ao papel de nome da marca, pois personifica a potência, a perenidade, o gabarito. O efeito de fonte aqui é crucial... A identidade da marca não procede da diferença em relação a uma outra, mas dos valores-chave que movimentam a corporação. No corporativo, existe "corpo". A identidade da marca no Japão resulta de um processo autocentrado, em que o importante não é a obsessão pela outra, mas o respeito aos seus próprios valores. Entende-se que nada é mais estranho à filosofia de marca japonesa do que a divisão da Procter & Gamble em produtos órfãos (Ivory, Crest, Tide, Ariel etc.) que têm praticamente vergonha de fazer referência à companhia de origem.

No Ocidente, no início, a marca era uma criação para o consumidor, e a empresa só era importante para Wall Street. Além disso, todo produto deveria ter sua marca. No Japão, a reputação não é dividida, como o indivíduo que é, ao mesmo tempo, consumidor, cidadão, funcionário. Por isso a predileção pelas políticas de marcas guarda-chuva, amplas, abrangentes e que tiram suas forças de seus alcances. Devemos reconhecer que essa prática é desenvolvida hoje mesmo entre os adeptos da marca-produto. Assim, a Mars finalmente reconheceu as virtudes da utilização de marcas guarda-chuva: conforme os países, certamente encontramos com o nome Mars o famoso chocolate mas também sorvetes ou um preparado instantâneo para bebida. É verdade que, em um dado momento, pareceu exagero à administração e aos acionistas dessa célebre empresa o fato de ter construído uma reputação como essa em torno de um nome – Mars – e rentabilizá-la apenas por meio de uma barrinha. Chegará também o dia em que existirão variantes do Ariel diferentes da forma líquida, sólida ou micro, até mesmo em tabletes, mas para cores ou lã. Ou se é uma referência de qualidade, ou não.

A ESCALADA DO CORPORATIVO

Atualmente, não se pode deixar de constatar que o modelo japonês penetrou no Ocidente e vice-versa. De um lado, as empresas ocidentais, como a Unilever ou a P&G, assinam diretamente com o próprio nome os *spots* publicitários de seus produtos nos canais de televisão asiáticos. Sobretudo, como voltaremos a analisar posteriormente, podemos constatar, em toda parte, a escalada das *branded houses*, supramarcas, referências à empresa nas embalagens, mas também nas propagandas. A preocupação do acionista talvez contribua para isso. É verdade que Wall Street valoriza mais as empresas conhecidas ou cujas marcas são conhecidas.

Essa referência crescente à empresa se insere em uma vontade de dar mais sentido, mais profundidade às atividades. Fazê-las provir de uma corporação é tranqüilizar o público nesse período de insegurança (alimentar, por exemplo) e é também homenagear a comunidade dentro da empresa, cujos esforços e mobilização contribuem para tornar a marca possível. A marca talvez tenha escondido demais a empresa, fazendo dela apenas um *back office*. Não devemos esquecer que a marca herda o *savoir-faire* da empresa. O lançamento da Saturn, uma nova marca americana de automóveis, em 1990, inaugurou o retorno da empresa: longe de apresentar somente imagens estereotipadas de carros e de proprietários/motoristas venturosos, os comerciais faziam visitas à fábrica, passavam a palavra aos operários, que falavam de suas vidas e da marca.

CONVERGÊNCIAS

É interessante observar que, no momento em que o Ocidente redescobriu a empresa, o Oriente integrou as marcas de produto e a segmentação do portfólio de marcas. As empresas japonesas reconheceram, em certos mercados, a necessidade de favorecer a apropriação. As grandes marcas japonesas de automóveis deram nomes a seus modelos: Celica, Civic, Corolla etc., nomes, aliás, surpreendentemente duráveis. Elas reconheceram até mesmo os méritos da segmentação pelas marcas: a Toyota criou uma outra marca, a Lexus, para o *top* de linha; a Honda lançou a Accura; e a Nissan, a Infinity.

Porém, a convergência dos modelos ocorre também no nível dos modos de gestão e dos conceitos. Assim, qual marca não se pergunta sobre sua "missão", sua "razão de ser", sua visão, seus valores-chave – tantos termos diretamente oriundos da administração de empresas. Administramos as marcas como empresas virtuais, e todas as empresas querem ser marcas, isto é, insuflar sentido na sua produção e nos seus serviços. É verdade que os consumidores pós-modernos têm essa expectativa.

TRANSVERSALIDADES

Um dos fatos marcantes desse início de milênio é o poder das marcas verticais: Gap, Zara, Ikéa. São lugares agradáveis, produtos, funções, experiências, sensações, imagens? Seguramente, o conjunto todo. É verdade que, quando a marca está em casa, ela reina como hóspede. Vai-se à Gap, à Zara.

Aliás, o ideal dos hipermercados também é tornar-se uma "loja de marca", ao passo que hoje eles são apenas distribuidores das suas e de outras marcas. A Decathlon está a ponto de vencer esta aposta: cada Decathlon é uma Nike Town *avant la lettre*. A Decathlon não é mais uma simples loja: falou-se até em Disneycathlon! Ela entendeu que devia ser mais do que uma loja: um lugar de lazer, uma espécie de Minidisneylândia dedicada ao esporte e à diversão. Cada visita é uma experiência que não se limita mais à compra, construída em torno daquela que está prestes a se tornar uma das únicas marcas verdadeiramente globais na área do esporte, pela extensão de sua oferta.

De uma maneira geral, não tendo mais de defender uma legitimidade associada ao produto ou ao *savoir-faire*, os revendedores descobriram as virtudes da transversalidade. Nenhum fabricante teria podido criar a marca da antiga Promodès, a Reflets de France [Reflexos da França]. No entanto, existe aí uma verdadeira criação de valor: reunir sob um mesmo nome todos os produtos responsáveis pela reputação das regiões da França e pelo sabor tradicional. Quanta praticidade para o consumidor! Quanta legibilidade nas prateleiras! A experiência deveria ser repetida em uma marca transversal de produtos orgânicos ou em uma (Destination Saveurs) que reunisse o melhor das produções estrangeiras, precisamente aquelas das quais o consumidor não tenha referências e espere um verdadeiro serviço. O revendedor goza de uma posição única para relacionar centenas de produtores de um lado e milhões de consumidores de outro, sendo o ponto de união uma marca de referência. Ele traz, com isso, um valor de intermediação inegável.

Os fabricantes, por sua vez, também lançam-se na transversalidade por meio de marcas-programas, que, deste modo, não poderiam limitar-se, a um único produto. O programa do Nescau é: ajudar as mães a fazer os seus filhos consumirem leite. Por que, então, limitar o Nescau apenas ao achocolatado? A partir daí, Nescau é sinônimo de bombom, barras de chocolate, tablete, cereal, sobremesa láctea etc. O ponto comum entre todos esses produtos é a associação do chocolate com o leite: precisa-se de leite para acompanhar o cereal, existe leite no iogurte etc.

MÚLTIPLAS MÃES

Quando não são órfãs (de simples marcas-produto, portanto), as marcas em geral fazem referência a uma só mãe. Assim, dizemos Danette da Danone ou Danyt's da Lu. Mas a partir do momento em que o grupo Danone quer fazer com que Corpus, uma marca-programa, seja transversal, deve-se constatar que, ao seguir as categorias dos produtos, Corpus terá mães diferentes: a Danone nos refrigerados, com todos os iogurtes *light*, mas a Lu nos biscoitos e salgadinhos *light*. Descobre-se, portanto, um novo tipo de marca: as marcas-filhas que possuem duas mães. Essa construção é nova e resulta da cultura vertical da legitimidade das marcas de fabricante: a Lu é especialista em biscoitos ou em secos, mas não em refrigerados. Como se faz, então, a partilha dos valores agregados entre todos os atores? Como os consumidores se setuam nessa nova geometria familiar?

De um modo geral, o *co-branding*, a co-paternidade, cresce consideravelmente: a Danone com a Minute Maid, a Nestlé com a Coca-Cola, a Mattel com a Compaq etc. Aproveitar a complementaridade dos atributos de cada marca é uma alternativa para a extensão de marca que contorna os problemas de falta de legitimidade de cada marca tomada isoladamente a partir do momento em que ela se afasta de seu território de competência. Fazendo convergir seus respectivos *savoir-faire*, as marcas parceiras criam valor.

2

A escalada das supramarcas

Em 1998, houve um acontecimento bastante sintomático. Rompendo com décadas de *marketing* por marca, capitalizando sobre grandes nomes como Plénitude, Elsève, Imédia etc., a L'Oréal passou a assinar como majoritária todas as comunicações e produtos dessas marcas, com uma marca-mãe (L'Oréal Paris), um *slogan* comum ("porque eu mereço") e um contrato publicitário único, pondo fim a uma tradição que era considerada intangível.

Outras empresas também se lançaram nesse caminho: algumas, há muito tempo; a maior parte, há pouco. Deste modo, mesmo que a The Coca-Cola Company administre um portfólio de marcas bastante distintas, ela não deixa de lembrar em todos os seus produtos que eles são da Coca-Cola. Por exemplo, nas latas de Fanta, a bebida de laranja mundial da Coca-Cola, está escrito de maneira bem visível e na frente: "um produto com a qualidade The Coca-Cola Company". Ela não o faz de maneira escondida, como a Procter & Gamble, que coloca seu logotipo atrás dos produtos, na parte inferior.

Há pouco tempo, a Nestlé coloca seu selo de garantia na maioria dos produtos fabricados pela companhia, mesmo nos frios Herta (mas não na Perrier, Vittel, nem mesmo em Friskies). A Accor lançou, em 1998, uma comunicação internacional sobre a sua marca dos "sorrisos" e assina, desde então, de maneira bastante visível, a entrada de todas as suas marcas de hotéis.

Existe um movimento de base que deve ser analisado. Não se trata, propriamente falando, de comunicação corporativa, ou seja, a respeito do "corpo" da empresa, seu funcionamento, seus resultados. Aliás, várias empresas que tomaram esse caminho não param de repetir que, apesar disso, não são obrigadas a se lançar em uma comunicação corporativa, preferindo a discrição na conduta de seus negócios, sobretudo se não são cotadas na Bolsa. Basicamente, trata-se da criação de uma supramarca que retoma o nome da empresa.

Por que precisamos lembrar essa supramarca hoje? Será revelador o fato de os alemães a chamarem de *eine Dach Marke* e os ingleses, de *branded house*, isto é, uma marca-teto ou marca da casa, como se o edifício das marcas não pudesse mais ficar sem teto ou, o que não muda nada, um lembrete global da casa da qual fazem parte?

Devemos reconhecer que a própria definição de marca carrega consigo uma dualidade repleta de conseqüências: "Um símbolo que diferencia os produtos daqueles da concorrência e certifica sua origem". Essa definição jurídica remete a duas funções estruturais da marca: de um lado, identificar e, de outro, diferenciar a fonte. Até o momento, toda a ideologia da criação de marcas no Ocidente foi dominada pela lógica da diferenciação (já abordamos essa questão na comparação das culturas de marca). O papel da marca nas bíblias do *marketing* dos produtos de limpeza é tornar cada detergente diferente e especial aos olhos dos consumidores, apesar das aparências. O mesmo ocorre com os refrigerantes.

Parece que os limites dessa ideologia foram atingidos.

A função de origem, subestimada por muito tempo, tornou-se indispensável na concorrência desse novo século. As empresas sentem a necessidade de usar o que, na Psicologia, chama-se de "efeitos de origem", o fator-chave da credibilidade das comunicações persuasivas. A marca-fonte não diferencia, mas credibiliza, autentica, constitui uma manifestação de poder, garantia, especialismo e ética. Oito movimentos básicos explicam essa necessidade premente de usar a alavanca do efeito de origem na construção de uma supramarca. Vamos examiná-los um a um.

A DISTRIBUIÇÃO MAXIMIZA O EFEITO DE PODER

Dizer que a distribuição se concentra é um eufemismo. Seja em um plano nacional, europeu ou mundial, o número de atores diminui em favor de grupos cada vez mais concentrados e poderosos. Três grupos de distribuição em geral representam, sozinhos, mais de 65% das vendas das marcas lançadas nos mercados maduros europeus. Na velocidade em que a mudança ocorre, o mesmo acontecerá, em breve, com o Brasil ou em Taiwan: basta visitar esses países para ser convencido disso. Para lá, as grandes marcas de referência européias e a Wal-Mart exportaram com sucesso o conceito de *superstore*. A superconcentração recente entre o Carrefour e a Promodès cria situações de dominação total na Espanha e em Portugal.

Deve-se salientar que o grande varejo sabe expressar sua força. Os grupos de distribuição tendem a tomar o nome de suas marcas de referência mais conhecidas. A Promodès estava abandonando o seu nome para se chamar Grupo Continent, nome de sua marca internacional de hipermercados, pouco antes de passar pela etapa determinante: a de fundir-se com o Carrefour.

Sendo assim, o que as marcas dispersas do portfólio de marcas de uma empresa representam na prateleira? Certamente, as marcas líderes são reconhecidas como tais. A primeira resposta à concentração da distribuição é reforçar ainda mais a sua marca mais forte, por meio da publicidade, da inovação e da relação direta com os consumidores. Porém, e as outras respostas? Agora, as empresas sentem fortemente a necessidade de reunir, utilizando um fio de Ariadne, o conjunto de suas marcas e produtos. Não se trata de criar uma marca guarda-chuva (uma forma de marca que cobre várias categorias de produtos), mas uma marca de unificação, de vínculo, que, por sua extensão, lembre que, por trás desse ou daquele produto, existe uma força, uma garantia, uma fonte de confiança.

Trata-se de mostrar o poder que a multiplicação das marcas segmentadas e compartimentadas possa ter escondido. Por trás de Plénitude, Imédia, Elsève etc., existe a L'Oréal. Os alvos dessa preocupação são o chefe da divisão, o responsável pela categoria no revendedor e, em terceiro lugar, o consumidor.

Em alguns setores, existe uma dificuldade operacional de trabalhar essa estratégia. A força de uma empresa é medida pela força de suas marcas. Logicamente, portanto, toda a energia e todo o investimento financeiro devem contribuir para construí-las. Como, então, construir a notoriedade do fio de Ariadne, da mãe, dessa supramarca, que se tornou tão necessária?

O mercado de queijos ilustra bem essa problemática. As companhias dispõem de marcas líderes reconhecidas, mas também de um grande número de especialidades e de marcas-produtos menos conhecidas. Por exemplo, na Europa, todos conhecem a marca Leerdammer e suas numerosas extensões. Poucas pessoas conheciam a Baars, a empresa que produzia e promovia essa marca, bem como muitas especialidades de queijaria. A Baars sentia fortemente a necessidade de religá-las por um fio de Ariadne.

A embalagem é um primeiro suporte. Assim, a Baars assinou esse nome discretamente em todos os seus queijos. A Kraft assina intensamente todos os seus produtos na Europa. Na França, a Bel aplica seu logotipo vermelho em todas as caixas, desde as da Vache-Qui-Rit até as da Rouy, Cousteron ou Sylphide, bem pequeno para não afetar a identidade específica de cada um. A notoriedade, porém, não é construída apenas pelo efeito estalactite, ou seja, muito lentamente. Então, levanta-se a questão de uma comunicação mais direta. Mas, como se consegue isso sem desviar do investimento nas marcas e em quais mídias se deve fazê-lo?

Uma primeira resposta é capitalizar sobre o nome da empresa. Kraft se torna KJF. Uma segunda resposta é tomar o nome de sua marca principal por nome de empresa. Foi o que fizeram a Danone e a Baars, a qual se tornou Leerdammer Corp. Isso permite a capitalização. Para evitar qualquer confusão quanto ao emissor, a marca corporativa tem seu próprio logotipo.

A ÊNFASE NA FIDELIZAÇÃO

Hoje só se fala em fidelização. A preocupação com volume e participação de mercado só tem sentido se for lucrativa, por isso existe a concentração dos esforços de *marketing* nos clientes com maior potencial, que devem ser ainda mais fidelizados. Entretanto, os próprios revendedores procuram desenvolver a fidelidade em suas lojas, por meio da variedade de suas marcas, entre outros. Disso resulta a necessidade de contornar o obstáculo da distribuição a fim de criar relações diretas com os melhores clientes das marcas da empresa.

Depois de considerados os custos de implantação de uma estratégia como essa (mais de 140 milhões de francos, no caso de alguns grandes anunciantes, como a Danone), há uma necessidade de mutualizar esses custos. Daí a criação de operações transversais, comuns a todas as marcas de uma mesma companhia para atingir o limite de visibilidade e eficácia. Pode tratar-se da criação de uma base de dados de clientes que reúna – como na Danone, no final de 1999 – aproximadamente 2,8 milhões de acordos com grandes clientes das marcas do grupo.

Pode tratar-se da constituição de um *Website* em comum. Enfim, pode-se querer montar operações promocionais comuns, como a que a Nestlé fez sobre o café da manhã.

Retomando o exemplo da Baars na Holanda, como denominar essas operações transversais? Não se pode chamá-las de Leerdammer, ou, de maneira genérica, de "tábua de queijos". Será preciso encontrar um nome. A Danone capitaliza sobre seu nome de empresa, que é também o de sua marca mais conhecida, utilizando o vocábulo Danoé, ou o grande acerto das marcas da Danone. Para beneficiar essa sinergia, a Accor deu seu nome de grupo a uma de suas marcas-produto. As marcas, até então isoladas – Africa Tours, Asia Tours, America Tours – foram fusionadas sob um único nome: Accor Tours. Ter um produto na linha que leva o nome do grupo é uma alavanca complementar de notoriedade.

A CONCENTRAÇÃO DE CLIENTES

Não é apenas a distribuição que está se tornando global. Os próprios compradores o são, o que aumenta o seu poder no mercado. A Accor faz contratos globais com a IBM a respeito dos serviços de mobilidade mundial de seus funcionários. Os compradores globais querem um negociador global. Pouco lhes importam, em uma primeira análise, as marcas Sofitel, Novotel, Mercure, Europcars etc.

De um modo geral, quanto mais fragmentada é a clientela, mais ela aprecia os vínculos locais de proximidade. Quanto mais ela se globaliza, maior a disposição de tratar no nível corporativo. É por isso que, nos Estados Unidos, a Schneider Electric mantém a marca de empresa local Square-D, que representa efetivamente o grupo naquele país. Em contrapartida, no nível internacional, em todos os lugares, o representante se apresenta como Schneider Electric, a supramarca.

A SOCIEDADE DO RISCO

Em alguns mercados, como o alimentício, estamos assistindo a uma nova ascensão de temores. Na medida em que tudo o que é ingerido traz intrinsecamente um risco vital, os consumidores estão naturalmente sensíveis a qualquer rumor de perigo associado a grandes marcas alimentícias. Recentemente, conseguiu-se alcançar uma etapa complementar nesses receios, objetivando-os: a crise da vaca louca, a dioxina dos frangos, o recolhimento de águas minerais, a apreensão das latas de Coca-Cola etc., a queda-de-braço travada pelos Estados Unidos para fazer os europeus comerem vitela com hormônios. Sem falar da carga emocional ligada à profunda modificação de civilização acarretada pelos organismos geneticamente modificados.

De fato, entramos sem dificuldades na sociedade do risco. Os casos recentes mencionados demonstram, à porfia, a falência dos sistemas de controle das empresas e dos de regulamentação aplicados pelos países. Em uma sociedade aberta, os contrapoderes usarão cada vez mais a arma do risco (a menor probabilidade de perigo) e a trarão ao público por meio dos debates na mídia.

O problema é que as marcas encararam os riscos apenas sob o ângulo do que convém chamar de modelo de mercado. Elas se dirigem a um consumidor puro. Os conflitos anunciam a irrupção do indivíduo na esfera de mercado. Este tem uma visão holística, global e normativa das coisas. A marca fala ao desejo e eventualmente ao bem-estar do consumidor. Quem vai falar ao indivíduo sobre sua identidade e suas liberdades?

Aí está um verdadeiro problema de emissor. Será que as marcas lúdicas e de consumo poderão, ao mesmo tempo, tranqüilizar o indivíduo? Podemos duvidar disso. A supramarca tem de desempenhar um papel de modo a revelar a faceta responsável da empresa e os valores dos quais ela não abrirá mão. De fato, a confiança é certamente sustentada pela demonstração dos esforços no sentido de minimizar o risco, mas também da distribuição dos valores que guiarão a ação, antes mesmo da preocupação econômica e de rentabilidade.

Existe necessidade de responder aos temores dos consumidores/indivíduos primeiramente pelos atos. O que se faz de concreto no plano da qualidade? Entretanto, também se deve fazê-lo pela transparência. Primeiro, a dos processos e produtos: é a rastreabilidade necessária do setor alimentício, indispensável para que o consumidor retome o controle de seu destino ao saber o que compra. Os selos, as menções de origem, os sinais de ausência desse ou daquele tratamento deverão multiplicar-se ao lado das próprias marcas. Por outro lado, é necessária a transparência da comunicação, deixando desenvolverem-se as trocas de opiniões na Internet, por exemplo.

Com isso, no nível das marcas, haverá cada vez menos tolerância para as marcas órfãs. Elas atualizam ainda mais os temores de que suas promessas sejam lúdicas ou até mesmo transgressivas. Em termos psicanalíticos, quanto mais uma marca libera o "isto", as pulsões, mais necessário será um contrapeso, um superego. Esse será o papel da supramarca, eventualmente marca corporativa.

No setor alimentício, esse movimento em direção à dupla assinatura já começou. A Nestlé assina os chocolates Crunch, Milkybar ou Kit-Kat... Isso permite jogar em dois patamares: o do desejo e o da tranqüilização.

Notemos que esse movimento vai muito além do mercado alimentício, atingindo setores como o automobilístico. Por trás das marcas-nicho pequenas como a Saab ou a Alfa-Romeo, está a General Motors ou a Fiat. Por trás das telhas Redland, está a Lafarge. Por trás do Banque Directe, está a BNP-Paribas.

A ESCALADA DOS LÍDERES DE OPINIÃO

Uma das conseqüências do aumento das inquietações é o peso crescente dos líderes de opinião e influenciadores sobre as escolhas dos clientes finais. A classe médica, os nutricionistas, os pesquisadores freqüentemente são solicitados a opinar sobre esse ou aquele produto, substância ou marca. Não é mais possível sobrepujar esses líderes de opinião. Mesmo a marca Vichy, especialista em dermocosmética, decidiu adotar uma política de informação sistemática junto aos dermatologistas. Não se trata de esperar que eles prescrevam a Vichy, já que a marca está mais para o mercado de consumo do que para o de medicamentos. Entretanto, o líder da dermocosmética não pode deixar de manter relações regulares com os dermatologistas, nem que seja para informá-los dos últimos avanços e evitar prescrições negativas (do tipo "não use tal produto").

Portanto, é preciso que a marca possua dois discursos: um, publicitário, livre, eufórico e otimista, destinado aos consumidores; e outro, sério, factual, sustentado, socialmente responsável, destinado aos jornalistas, às agências governamentais, aos grupos de consumidores. Para este segundo registro, a credibilidade é importante. Para marcas como a Evian, posicionadas na saúde, a distância não é tão grande entre os dois registros de comunicação. Em contrapartida, para as marcas menores, sem *status*, a credibilidade fará falta na comunicação junto aos líderes. A supramarca permite desempenhar melhor esse papel, principalmente se trouxer o nome que credibiliza, responsável pela empresa. É a Danone que informa sobre as propriedades do Corpus ou do La Selección, não o *marketing* dessas duas marcas.

A MUNDIALIZAÇÃO DOS NEGÓCIOS

A supramarca é também uma resposta à expansão do campo competitivo. A mundialização dos negócios deve, de fato, torná-la modesta. Tomando o grupo Vivendi como exemplo, no qual cada área tem ou terá sua marca (a

Cégétel para a telefonia, a Onyx para o tratamento de resíduos, a Connex para os transportes etc.), a questão é levantada: na China ou nos Estados Unidos, por exemplo, deve-se apresentar como Onyx (Grupo Vivendi) ou, mais diretamente, como Vivendi, correndo o risco de posteriormente solicitar ajuda aos especialistas de cada área.

De fato, o lançamento bem-sucedido da Vivendi cria um novo recurso, pronto a ser empregado, devido à notoriedade associada a esse nome em um plano internacional. Por que abordar os mercados longínquos como foi feito historicamente nos mercados internos? Já que uma supramarca foi criada, é melhor empregá-la. A criação da Vivendi Water está indo nesse sentido, fazendo parte do pólo Vivendi Environnement.

Essa lógica se refere, portanto, especificamente aos grupos que se constituíram de maneira progressiva, ascendente e reuniram empresas notórias em seus setores. Era normal, no começo, capitalizar sobre essas marcas renomadas em suas áreas e bem conhecidas dos decisores técnicos. Assim, o grupo Schneider (mais tarde denominado Schneider Electric) capitalizou sobre os nomes da Merlin Gerin ou da Telemecanique, bastante conhecidos pelos engenheiros. Porém, fora de seus mercados históricos, ele inverte o processo, utilizando uma abordagem centrada em sua supramarca como única fonte de valor e suporte de notoriedade. É a Schneider que carrega a reputação de especialista e integradora nos mercados mundiais, o que pode recair sobre suas marcas Square D, Telemecanique, Merlin Gerin ou Modicon. Além disso, pelo fato de os grandes contratos internacionais implicarem um número maior de não-técnicos nos processos de decisão (por exemplo, os políticos), o supranome é, a seu ver, mais tranqüilizador.

Em um mercado completamente diferente, o dos brinquedos, os fabricantes da região dos Vosges, cujas marcas são históricas, devem também mudar seus modelos de gestão e abordar as marcas estrangeiras sob uma única logomarca, um catálogo comum e uma embalagem da mesma ordem. É por isso que a Superjouet, formada pelas marcas Berchet, Charton, Favre, Clairbois e ToysToys criou uma supramarca: o Grupo Berchet. É a única forma de continuar a existir diante da Mattel.

A CONCENTRAÇÃO DE RECURSOS

O surgimento de uma supramarca corresponde também à necessidade de nomear tudo o que passa a ser comum entre as marcas, sobretudo se essa parte comum praticamente não pára de crescer. Tomemos como exemplo o caso da indústria automobilística.

As marcas, até então empresas, são uma a uma compradas por grupos: General Motors, Ford, PSA Peugeot Citroën, Fiat. Por meio das fusões e aquisições, as companhias reúnem seus recursos. Por exemplo, a PSA não é mais a simples *holding* financeira do começo. Tanto na PSA como na General Motors, concentram-se as funções de P&D, compras, logística, finanças, recursos humanos e, agora, também produção. Na prática, as fábricas não mais se dedicam às marcas, mas às plataformas comuns aos modelos das diferentes marcas. Às marcas, são destinados o esquema dos futuros produtos, o *design*, a tipificação dos automóveis em função dos atributos diferenciadores da marca, o *marketing* e a comercialização. Quem deve determinar, então, quando uma grande inovação deve ser anunciada? Normalmente, é a entidade que a produziu, antes que esta seja posteriormente desenvolvida por uma ou outra das marcas do grupo. Nos Estados Unidos, seria a General Motors. Na França, seria a PSA. No entanto, pode-se sentir os limites desse exercício, pois, se a GM é mundialmente conhecida e funciona como supramarca, o mesmo não ocorre com a PSA: não existem e não devem existir carros da PSA. Além disso, diante da competição das marcas, tudo o que reforça o poder das marcas Peugeot e Citroën deve ser trabalhado. Sob esse ponto de vista, não adianta dar visibilidade demasiada ao nome do grupo, se isso for diluir o impacto que poderia ter o anúncio de uma inovação atribuída a uma ou outra marca. Entretanto, fora da França, o silêncio diante das marcas-órfãs é grande. É bom saber que essa ou aquela marca ainda pouco conhecida se escora, na realidade, em um grupo mais ou menos conhecido. Para sair das exigências contraditórias, uma solução é dar à supramarca o nome de uma das marcas do portfólio, tendo bastante cuidado de distinguir os níveis da marca e do grupo. Esse foi o caminho escolhido pelo Grupo Volkswagen, pelo Grupo Ford, pela Daimler-Chrysler, pelo Grupo Fiat.

Esse é também o processo por trás da PSA Peugeot Citroën, cujo nome, na prática, é reduzido com demasiada freqüência apenas à sua sigla PSA.

A PREOCUPAÇÃO DOS ACIONISTAS

Atualmente, só se fala em acionista, ou melhor, em acionistas. Pelo fato de serem muitos e, às vezes, fragmentados, toda política de marca visa também influenciar a capitalização de mercado. A Rhône Poulenc tornou seu pólo químico uma filial e chamou-a de Rhodia, a fim de aproximar o curso da ação da Rhône Poulenc dos padrões da indústria farmacêutica. Até então o mercado lhe atribuía, pouco crédito devido à presença do pólo quí-

mico com o mesmo nome. Desde a substituição do nome Générale des Eaux pela Vivendi, a capitalização de mercado cresceu em 20%.
Os analistas de mercado apreciam as companhias sob dois critérios. Eles querem que:

– a sua estratégia seja simples;
– a sua comunicação seja transparente (evidentemente, trata-se de comunicação no sentido amplo).

Em janeiro de 2000, o grupo Vivendi construiu seu pólo ambiental como companhia mas também como marca (com seu próprio logotipo), a fim de valorizar esse pólo e, assim, corresponder aos critérios financeiros que não aprovam mais os conglomerados demasiadamente diversificados.
De seus pontos de vista, as marcas únicas, ou as supramarcas claramente identificadas, também são preferíveis. Não existe problema em ser um grupo de marcas múltiplas, mas é melhor ser conhecido sozinho. Isso explica a importância de uma menção, mesmo que pequena, ao nome da empresa nos produtos. A visibilidade do nome é uma das alavancas de influência sobre o valor da ação.

A VOLTA DO CIDADÃO

A crise da Coca-Cola, em junho de 1999, revelou a volta do cidadão à cena e a confusão das companhias para as quais apenas o consumidor existe, o que seria o caso, por exemplo, da Coca-Cola – e, na verdade, da maioria das empresas. O que está em discussão hoje por trás dessa crise é mais a perda do controle de sua vida – até mesmo a perda da liberdade – do que o aspecto sanitário. Umas após as outras, as crises alimentares revelam a deficiência das instituições que supostamente deveriam proteger os cidadãos. Cada acidente faz surgir o espectro de uma sucessão de irresponsabilidades individuais, em todos os níveis. Ao mesmo tempo, com a ajuda da concentração, o campo da escolha real – portanto, de liberdade – se reduz. A Coca-Cola Company é a "Micro-soft drink". O objetivo declarado dessa empresa, por meio de seus próprios dirigentes, é a "neutralização" da concorrência. Em todos os setores, aquilo que denominamos integração vertical visa, na verdade, recriar monopólios privados: isso pode ser observado no universo das comunicações por meio da compra das companhias de conteúdo (filmes, programas, editoras etc.) pelas companhias de comunicações (telefonia, Internet, televisão, informática). É possível, portanto, estar muito satisfeito com o produto Coca-Cola, mas cada vez menos à vontade com a companhia Coca-Cola. O mesmo ocorre com o Windows e a Microsoft.

Até o presente, tratou-se o cidadão com álibis: uma fundação aqui, um programa de caridade ali, uma doação à WWF para proteger a natureza etc. Entretanto, os cidadãos se perguntam sobre as finalidades exatas das empresas escondidas atrás das marcas. A comunicação da empresa terá de encarregar-se dessa pergunta, à qual a comunicação eufórica da marca não pode responder de modo algum. De uma maneira geral, a empresa deverá existir mais do que atualmente.

3
Do risco ao desejo: qual a função de cada marca?

A escalada das marcas próprias em todos os setores da economia soou como um ato de intimidação à própria noção de marca. É verdade que, para quem se atém a uma leitura jurídica da marca, ela não é, em Direito, um instrumento de proteção dos consumidores, mas das empresas. Pelo seu caráter facultativo, é um instrumento do qual as empresas fazem uso ou não. Devemos reconhecer que esse instrumento parece ter as maiores dificuldades para defender as empresas: daí o recurso ao Estado, como organismo regulador dos mercados e das relações indústria-comércio.

Se as marcas, ou melhor, algumas delas, não são mais uma alavanca de competitividade e de defesa da empresa, é porque, para os consumidores, elas perderam o privilégio de suas funções. De fato, para os clientes, as marcas têm valor, porque cumprem certas funções mais ou menos valorizadas, conforme os tipos de clientes, as categorias de produto e também a situação de compra. A abordagem funcionalista das marcas permite esclarecer o seu presente e futuro.

A primeira função da marca é, como se sabe[1], reduzir o risco percebido. Visto que uma situação de compra comporta um risco, é natural que os consumidores procurem reduzi-lo. Existem vários tipos de riscos percebidos. Esse risco pode ser financeiro, daí a crescente importância da marca quando o preço aumenta. Pode ser também físico, daí a necessidade de marcas tranqüilizadoras no campo alimentício, no qual os acontecimentos recentes revelaram os enfraquecimentos dos organismos públicos de controle. Disso decorre também a ligação

---

[1] KAPFERER, Jean-Noël & LAURENT, Gilles. *La sensibilité aux marques*. Paris: Éditions d'Organisation, 1992.

mágica dos consumidores à sua marca de aspirina: ao nome da marca, está associada a certeza de uma dor de cabeça rapidamente eliminada (é por isso que os genéricos só podem crescer se forem impostos pelos órgãos de saúde ou obrigatoriamente substituídos pelos farmacêuticos). O risco percebido cresce também com a tecnologia: são necessárias marcas muito famosas como a Sony ou a Thomson para trazer as inovações em televisão digital ou tecnologias de última geração. Enfim, as marcas correspondem ao risco percebido psicológico: as marcas são mais lembradas pelas pessoas do que consumidas por elas. É por isso que a marca está onipresente no perfume, na cosmética, no esporte, no mundo dos relógios, das armações de óculos etc.

A segunda função das marcas é simplificar a tarefa dos consumidores. Os produtos criam escolha, a marca a simplifica fornecendo referências bem identificadas pelo benefício final procurado, aquilo que chamamos de posicionamento da marca: a Volvo faz carros sólidos e a Fiat, carros simpáticos e baratos. A fidelidade proporciona uma simplificação complementar do ato de compra. Com o tempo, ela gera familiaridade e confiança, como acontece com todos os objetos que nos cercam e são parte inseparável do nosso mundo. Essas são algumas das funções coletivas das marcas, funções genéricas, estruturais.

Entretanto, deve-se questionar se isso agora é tranqüizador o suficiente, até mesmo se é necessário.

RISCO E DESEJO

Um dos fatos sociais mais significativos desses últimos 20 anos se deu no esporte. A lista dos esportes não havia evoluído durante cerca de 100 anos, e então viu-se florescer uma grande variedade de esportes, uns mais arriscados que os outros: surf, *rollerskate*, *snowboard* fora das pistas balizadas, queda livre, escalada sucessiva de vários picos... O aspecto comum a essas novas práticas, além de seu caráter individual, não são mais esportes coletivos, e sim a busca da velocidade, de sensações em condições extremas, a vontade de ultrapassar seus limites. Como se o risco, longe de ser evitado, fosse, na verdade, também a base do desejo e da excitação. Certamente, nem todos os esportistas os praticam, mas seus atrativos junto aos jovens é considerável. Para eles, o risco, na realidade, não existe, eles não pensam nisso. Querem emoção, não segurança.

O raciocínio não deveria ser aplicado também às marcas? Talvez exista uma confusão que não deve ser feita entre a função da marca "em geral" e a função dessa ou daquela marca em seu mercado. Em particular, nos mercados maduros, em que a maior parte das marcas competidoras é de qualidade, seria desejável que uma certa marca fosse vista como tranqüilizadora? Não passaria a ser uma função de marca quase genérica, necessária, mas que sozinha se tornou insuficiente para garantir a perenidade dessa marca? Em nossas sociedades, onde as necessidades materiais estão globalmente satisfeitas, o crescimento só se originará na estimulação do desejo. *A função das marcas se torna, então, encorajar os consumidores a correr riscos*:

- com as novas tecnologias, TVs digitais, vanguardas eletrônicas ou biológicas, como nos produtos de limpeza ou cosméticos;
- com novos comportamentos alimentares;
- com novas modas no vestuário;
- mas também comprando mais barato em setores nos quais sempre se associou preço com qualidade: essa é a missão de marcas como Nivea, Bic, C&A, Hering. É também a do Carrefour ou do Big!

MARCAS PRÓPRIAS E FABRICANTE

De todas as marcas próprias, a marca de referência é a mais típica. Nela, conjugam-se três valores: do lugar, do bem e do vínculo.

Uma das funções-chave das marcas de referência é de afirmar o nome da marca na mais vasta paleta de produtos. Ela é uma resposta transversal às expectativas dos consumidores, ao passo que o mundo industrial está organizado em classes e especializações verticais. Mesmo a Nestlé, que, como marca, assina do leite em pó à água mineral, não possui a mesma transversalidade que a marca Carrefour ou a suíça Migros. É verdade que o cliente que passeia com o carrinho de uma prateleira a outra também é, em parte, transversal em suas expectativas: por exemplo, as de saúde, segurança, forma, praticidade, simplificação da vida cotidiana. A presença de uma marca transversal tem, portanto, o benefício de elucidar a oferta e fornecer uma referência bastante prática a um cliente que procura simplificar o processo de escolha.

Utilizando a confiança que ela finalmente conseguiu adquirir com o passar do tempo, a marca de referência encoraja o cliente a se desprogramar e explorar zonas de preços mais baixos. Assim, ajuda a democratizar os mercados e as famílias de produtos. Nenhuma das marcas de referência têm o *status* que isso requer mas, graças a muita perseverança e vontade, algumas delas chegaram lá. De uma certa maneira, a Decathlon libera o desejo de esporte ou de uma vida esportiva sonhada: ela fornece a qualidade e o preço por meio de produtos com o seu nome, desafiando qualquer concorrência na relação preço/qualidade.

Em inúmeras categorias de produtos, a confiança e o incentivo do preço baixo, que diminui as restrições do bolso, são, portanto, os pontos fortes das marcas próprias perseverantes. Em algumas categorias de produtos, o fato de substituir uma marca própria pelo nome Carrefour duplica a demanda dos consumidores, mesmo diante de um líder reconhecido[2].

A análise funcional revela como as marcas criam valor. Porém, esse valor também pode ser trazido por marcas próprias competitivas, em particular as ditas do terceiro tipo. A análise do Quadro 3.1, permite apontar os valores agregados contestados, as funções que as marcas próprias assumem como desafiantes da supremacia das grandes marcas. Como se vê, as três primeiras funções básicas da marca não são suficientes para defender as marcas de fabricante. Diante das marcas próprias inovadoras que se impõem nas prateleiras, o risco é que as marcas de fabricante se verem confinadas apenas no segmento *top* de linha, isto é, não é necessário todos os dias. Isso seria muito grave para a sua sobrevida econômica.

Se for o caso, para sobreviver, as marcas de fabricante deverão ser estimuladas e lembradas de que vivemos no Ocidente, ao menos no que se refere à economia da abundância. Isso significa, por exemplo, que não nos alimentamos mais, mas cuidamos de nós, do nosso corpo, da nossa beleza e do nosso palácio. Nesse contexto, a função das marcas de fabricante é democratizar o privilégio. Nisso, elas se diferem das marcas de luxo e *top* de linha. A marca deve continuar sendo símbolo de abundância e progresso, que ela anuncia e democratiza ao mesmo tempo. Ela é o motor da categoria.

Além do consumo – termo redutor perfeito, quase jurássico –, o indivíduo-cidadão tira da marca as satisfações tangíveis e, ao mesmo tempo, os benefícios mais imateriais. O excesso de marca de referência massifica (basta

---

[2] LEWI, Catherine & KAPFERER, Jean-Noël. "La préférence des consommateurs pour la marque de distributeur". In: _____. *La marque*. Paris: IREP, 1998.

FUNÇÕES DA MARCA E DESAFIO PELAS MARCAS PRÓPRIAS

Fontes de valor agregado da marca	Categoria de produto típico	Poder da marca de fabricante
Sinal de reconhecimento	Limpador multiuso, cadernos escolares	Fraco
Facilidade de compra	Calçados	Fraco
Garantia, segurança	Alimentos	Contestado, médio
Sinal do melhor desempenho, do progresso	Serviços, cosméticos, detergentes, alta tecnologia, carros	Forte
Identificação emocional	Moda *prêt-à-porter*, perfume	Forte, mas desafiado pelas marcas verticais (Gap, a inglesa Habitat etc.)
Permanência, familiaridade	Marcas de confiança, grandes marcas locais	Forte, mas desafiado
Hedonismo, sensação de prazer	Marcas polissensuais	Forte
Ética e responsabilidade	Grandes marcas e companhias de referência	Forte, mas desafiado (a sueca Ikea [varejista de móveis], a inglesa Body Shop [empresa de cosméticos naturais] etc.)

ver a onipresença da marca Decathlon em todos os campos de esporte para sentir esses limites, que se tornou dominante).

Segmentando os mercados, a marca deve continuar sendo um instrumento de identidade: ela desmassifica a massa. Daí a importância de reforçar ainda mais o vínculo emocional que liga as marcas ao clientes, graças à arma exclusiva da comunicação. Felizmente, os meios de comunicar se aperfeiçoaram e agora são interativos. Entretanto, a chave para as marcas continuará sendo sempre a inovação, pois só ela faz delas fontes de desejo, progresso e euforia – tudo aquilo que, em poucas palavras, nos permite ultrapassar os padrões da vida cotidiana. A marca deve ambicionar o seu cliente. Isso resulta em uma aceleração dos ritmos de inovação e uma redução da vida útil dos próprios produtos. Na Yoplait, os novos produtos não duram mais que três anos. É verdade que, sendo muito consumidos por um pequeno núcleo de grandes consumidores, estes últimos passam mais rapidamente por um efeito de saciedade e desgaste. Além disso, as cópias de revendedor também chegam mais rápido.

Enfim, é preciso criar e renovar-se para gerar a recompra. De fato, a fidelidade não é mais a mesma.

FIDELIDADE E INOVAÇÃO

A era das marcas que são apenas seguras terminou. A Peugeot saiu da espiral do tédio, que espreita toda marca que pretende ser somente segura, graças ao acidente do 205 GTI, um carro que criou um novo produto "protótipo" da marca, em especial junto aos jovens e europeus.

A esse declínio da segurança, corresponde a baixa das fidelidades atávicas: "Meu avô comprava Peugeot, meu pai comprava Peugeot, eu compro Peugeot". Evidentemente, esse processo se torna raríssimo. Portanto, cabe à inovação seduzir, tentar. Atualmente, é preciso que, diante de um modelo, um novo automóvel, o consumidor diga a si mesmo "eu o quero". Daí a importância da estética e das marcas-filhas, capazes de aumentar esse desejo de apropriação sobre o qual não raciocinamos. Quantos consumidores, a princípio neutros ou indiferentes à Renault, não foram tentados pelo Twingo ou pelo Scénic?

Hoje em dia, em uma concorrência em que só os melhores sobrevivem, apenas a inovação pode produzir fidelidade. A cada coleção de produtos de maquiagem, a Bourjois deve fazer testes e propor uma paleta de cores, de produtos mais atraentes que a concorrência. A consumidora moderna não se considera mais fiel: em contrapartida, pode-se criar uma recompra sistemática por meio do talento de inovação de um produto ou serviço. A fidelidade é, portanto, a conseqüência da compra das novidades da marca e não mais sua condição.

Enfim, não vamos parar de repetir que a inovação é o terreno natural do especialismo do fabricante. Não colaborar com ela é negar a própria função da marca.

O SENTIDO DA MISSÃO

Na concorrência total de hoje, cada marca deve ter, em primeiro lugar, um sentido muito forte de sua missão. Sem uma razão de ser, como convencer interna e externamente? Em geral, convém que as empresas redefinam as bases de cada uma de suas marcas competidoras para suprimir as marcas indolentes, ou as que se tornaram relativas. Para tanto, as perguntas a serem feitas a cada marca são simples, mas exigentes:

1. Qual é sua visão, íntima, pessoal, forte?
2. Qual é sua necessidade extrema?
3. O que ela procura verdadeiramente modificar no mercado e trazer aos consumidores?
4. De quais instrumentos ela dispõe para transformar essa utopia em realidade?
5. Além das funções e dos atributos de seus produtos, quais valores ela oferece para compartilhar com seus clientes?

A energia nasce quando a missão penetra totalmente nas equipes internas: conhece-se o porquê de sua existência e todo estado de espírito desaparece. Por não terem entendido a missão da Quick, os franqueados dessa rede não paravam de se perguntar por que não estavam no McDonald's.

Nada é mais comunicativo que a energia e a força de convicção nascidas de uma missão bem-compreendida e à qual se adere. Isso se refere especificamente às marcas desafiantes. Sua tarefa é difícil, pois trata-se, na verdade, de contestar a evidência: esse objetivo não será atingido sem audácia, dentro das ambições, mas também da expressão da marca. Elas devem abalar o mercado e impor a própria visão.

Entretanto, esse sentido da missão agora deverá ser também constantemente relembrado, até mesmo redefinido pelas próprias marcas líderes, pois elas se tornaram desafiantes das marcas de distribuidor ou têm interesse em ser mentalizadas assim e em recrutar somente gerentes que possuam espírito de combate. Com o poder crescente dos consumidores, assim como o dos revendedores, será preciso mais do que a simples segurança para existir. Sem contar o fato de que as desafiantes tentam contestar incessantemente, mesmo que não seja a sua participação de mercado, mas a participação de interesse das líderes, o que os ingleses chamam de *thrill* ou *excitement*.

MARCAS LÍDERES E DESAFIANTES

Sem audácia ou até um pouco de loucura, não existiriam as marcas desafiantes. Começando com menos recursos, em mercados em que o líder representa a evidência em termos de compra, é preciso coragem, espírito empreendedor e uma motivação rara junto ao pessoal. Do lado dos consumidores, também é preciso audácia para não comprar exatamente a evidência, o líder do mercado, ao qual é destinada grande parte da prateleira. Não devemos esquecer que o líder define os próprios atributos da categoria, principalmente quando ele mesmo a criou. Assim, o que seria um hambúrguer ideal para a maioria dos consumidores? É o Big Mac. O que se espera de um refrigerante de cola? Nada. A Coca-Cola domina a categoria; portanto, modela as nossas expectativas. É possível ser mais evidente do que o líder que simplifica totalmente a tarefa do consumidor, como, aliás, também a do revendedor? Com certeza, não.

É por isto que as *marcas desafiantes não têm escapatória a não ser contestar o pensamento único, surpreender, atacando a evidência*:

- seja, por exemplo, criando os seus próprios mercados, dos quais se tornam, então, referência. Nos Estados Unidos, foi preciso ter audácia para contestar a evidência da Smirnoff, líder de vodca, desenvolvendo um segmento superpremium, 30% mais caro. Foi o que fizeram a Finlândia e, em seguida, a Absolut, duas marcas que, todavia, são associadas a países sem a legitimidade de país de origem da vodca na opinião dos consumidores americanos;
- seja também encorajando a curiosidade e o desejo pela expressão de uma personalidade, de uma identidade forte: foi o caso da Apple diante da IBM. É o caso da Virgin Pulp, estimulada pelo imaginário provocativo ligado à marca Virgin e agora tão próxima dos jovens na Europa quanto a Pepsi-Cola. No entanto, esta última marca havia ilustrado muito bem, em seu tempo, o processo de desafiante perante a Coca-Cola e a procura de uma diferenciação mais pela personalidade (mais jovem) do que pelo produto. Na França, ela foi desperdiçada, tornando-se um simples suporte de promoção;
- seja, enfim, ultrapassando o líder em um aspecto central da categoria. É o caso da Burger King, cujo nome indica que não sustenta complexos em relação ao McDonald's e cujo produto principal (o Whopper) é um hambúrguer gastronômico que torna qualquer Big Mac insípido e triste. É o que também tenta fazer, no mundo das grandes indústrias, a Schneider Electric – a única grande especialista mundial em eletricidade integradora de serviços – diante de líderes como as empresas generalistas mundiais ABB, General Electric ou Siemens.

MARCAS GENERALISTAS E MARCAS ESPECIALISTAS

Quando se examina a estrutura da marca Danone, constata-se que seu núcleo é constituído por dois produtos, o Danette e o iogurte natural. Essa marca tem, na verdade, dois protótipos. Cada um deles é um pouco contrário ao outro. O Danette lembra o prazer, a gula, a ausência de moderação e de obrigações, o açúcar, o creme, a riqueza de gorduras. Tantas lembranças que estão ausentes no iogurte natural, totalmente carregado de noções de saúde, pureza, quase zen.

Essa é basicamente a missão das grandes marcas generalistas: reconciliar os opostos, permitir a expansão, dentro de si, de estilos de vida alternativos. A grande marca é ecumênica, abrangente, afetuosa, tolerante. O Danette traz sua aura de humanidade ao iogurte natural. Esse último faz com que o consumo de Danette não seja tão ruim.

Nisso, a grande marca generalista é diferente da marca especialista que escolheu seu campo. A Chambourcy era pura gula, tendo seu atrativo, mas também seus limites em termos de transformação em guarda-chuva, de crescimento. Da mesma maneira, os Vigilantes do Peso, a Bjorg ou a La Vie Claire escolheram ser marcas mais estreitas, especialistas em saúde rigorosa.

4

O produto e a marca

A palavra-chave de todos os discursos sobre a marca, atualmente, é "valor". Cada um preconiza proclamar seus valores, defender seus valores e citar a Virgin, a Body Shop, a Nike, ou, na França, o Yop, por exemplo. A admiração pelos valores chega a procurar ainda mais alto, no imaterial, o fundamento da marca. Essa tendência tem várias fontes:

- O valor pretende ser uma resposta ao discurso racionalista das marcas de distribuidor, focalizadas na relação qualidade-preço. A marca de distribuidor propõe uma troca, a grande marca propõe uma doação, uma partilha de valores aspiracionais, até mesmo além das funções do produto. Cobrir-se com um valor aspiracional é achar uma ponte para o alvo, um vínculo emocional que não se reduz a um problema de ingredientes. É toda a diferença também entre Yop e Dan'up. Yop simboliza a liberdade; Dan'up, nada.
- O discurso sobre o valor fundador da marca joga na mistura com o EVA*, o valor econômico adicionado, a criação de valor, ambos conceitos-chave da análise estratégica moderna.

A conseqüência dessa ênfase nos valores é que as equipes de *marketing*, movidas pelas agências de publicidade, tendem a abandonar qualquer discurso sobre as justificativas racionais do consumo de suas marcas. Por exemplo, a comunicação do Yop não fala de outra coisa senão de diversão, de liberdade, de estilo de vida, até mesmo de "provocação" ou de impertinência. O Yop descreve apenas facetas imateriais de sua identidade. Será que isso é sensato? Não é fragilizante para uma marca abandonar toda fixação racional, neste momento, a gula sau-

---

*N. de R. Sigla, em inglês, de *economic value added*.

dável, em especial junto às novas camadas de clientes que chegam ao mercado?

Basicamente, o esquecimento progressivo da faceta racional da identidade por parte dos administradores se deve ao ciclo de vida da marca.

O CICLO DE VIDA DA MARCA

Como mostra a próxima figura, a marca nasce, em geral, não como uma marca, mas como um produto/serviço novo, cujas características são diferentes daquelas da concorrência e pertinentes em relação às expectativas do público-alvo. Para poder tornar-se marca, é necessário primeiramente mostrar suas capacidades como produto. Bem na fase inicial da marca Nike, Phil Knight não encontrava os compradores da revenda falando-lhes de valores, auto-superação, mas da excepcional qualidade de seus calçados e do apoio não menos excepcional para o calcanhar. Da mesma forma, quando se pergunta aos consumidores, descobre-se que a Nike não é a América ou o ideal individualista do sucesso, mas são os calçados que têm essa ou aquela característica que os torna únicos e desejáveis. Para o consumidor, a existência antecede a essência: é verdade histórica (o primeiro contato é feito nas lojas, entre outros produtos) e psicologicamente. Em sua descrição das marcas, o consumidor vai do concreto para o abstrato, do material para o imaterial, do produto à imagem.

Com o tempo, portanto, com o acúmulo das impressões publicitárias, do apadrinhamento dos destaques escolhidos pela Nike, essa marca enriqueceu-se de complementos de significação que a tornam não apenas única e superior, mas especial, ou seja, insubstituível. É a parte emocional da marca que contribui para esse caráter especial.

Assim, bem no início, o produto carrega a marca. Com o tempo e a renovação dos produtos (a concorrência assim exige), a marca tenta monopolizar os valores constitutivos de sua categoria, modelando-os à sua imagem. O Yop fez do iogurte para beber um sinal de impertinência e liberdade. O Dan'up não passava de um iogurte para beber.

É por isso que, proporcionalmente ao ciclo de vida das marcas, a relação entre marca e produtos se inverte. A identidade da marca se enriquece em todas as suas facetas, além do seu físico: qual é a sua personalidade? Quais são os valores que a animam? Qual é o reflexo de seu consumidor-padrão? O erro é acreditar que esse enriquecimento significa substituição. É por isso que as equipes de *marketing* tendem a se envolver quase essen-

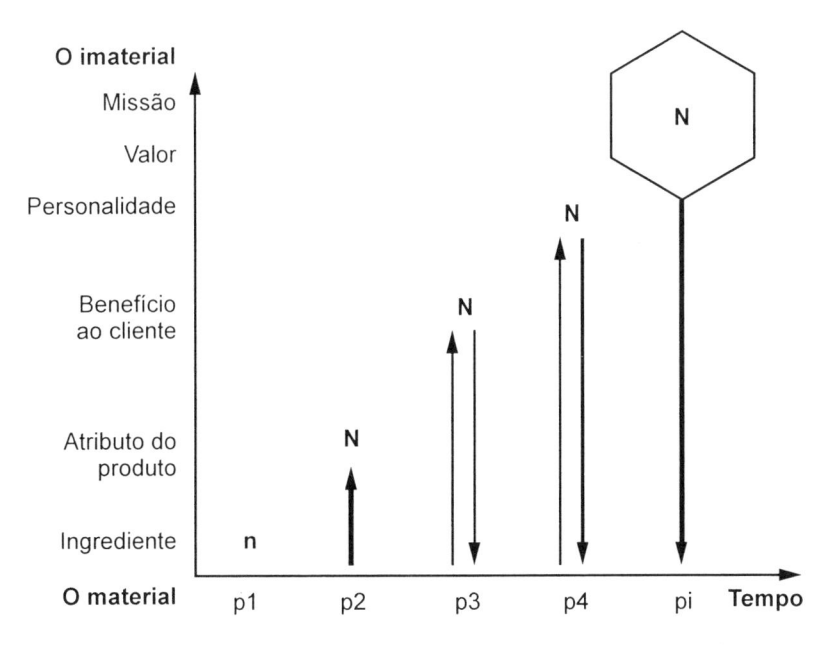

Figura 4.1 1O ciclo de vida da marca: do material ao imaterial.

cialmente na comunicação dos valores imateriais. Por exemplo, na Yoplait, o Petit Filou foi posicionado, no início, como a marca do crescimento. Hoje, a sua propaganda só fala em "crescer com diversão". Saem o cálcio e o crescimento. Esquecemos esse atributo tangível, material. Será preciso voltar a ele e dizê-lo novamente. De fato, de um lado, a concorrente Gervais já o disse, o que penaliza o Petit Filou, desacreditando-o; os estudos de imagem atestam o fato. Bem mais grave que isso é esquecer as novas mães.

Com efeito, em todos os mercados que visam às mães e às crianças pequenas, a renovação da clientela é freqüente. Limitando-nos ao imaterial, esquecemos que o trabalho deve ser recomeçado quase do zero com as novas mães. Estas devem ser "resseduzidas": o ciclo de vida da marca deve ser reconstruído nessas novas clientes que não sabem que o Petit Filou é um concentrado de crescimento.

Da mesma forma, voltando ao Yop, a ausência de fixação racional pode ser fragilizante em termos de extensão de marca. Ela fecha o Yop em um gesto, uma provocação, um consumo líquido no gargalo. Um Yop sólido não será mais Yop, conforme essa aceitação. O mesmo ocorre para o Zap: depois de ter dito que era divertido comer sem colher, o que dizer? Como, a longo prazo, justificar o Zap da Yoplait? Resumindo, o imaterial não deve substituir o material, como freqüentemente acontece, mas enriquecê-lo.

RETORNO À IDENTIDADE DA MARCA

Os exemplos anteriores nos lembram de que, mesmo que os administradores da marca não falem além do imaterial, dos valores e fundos de marca, o consumidor define, com freqüência, a identidade da marca por meio de atributos bastante concretos, palpáveis e tangíveis.

A Perrier ainda seria Perrier sem as bolhas grossas e a garrafa? A Nestlé bem que gostaria de reduzir a força das bolhas: isso permitiria beber mais facilmente duas ou três garrafas em seqüência, portanto, abriria perspectivas de volume bloqueadas no presente. Entretanto, mexer nas bolhas não seria mexer na identidade? A Vache-Qui-Rit, na França, lembra uma textura mole. Pode-se imaginar uma Vache-Qui-Rit sólida?

Portanto, não devemos jamais esquecer que os elementos fundamentais em termos de identidade de marca e razão de compra são, em parte, físicos.

Mesmo quando está comprando um Porsche para provar que se deu bem na vida, o consumidor quer racionalizar sua escolha em termos físicos: qual velocidade, qual potência, qual estabilidade, qual ruído, qual visual? Aliás, quando o Porsche vendeu carros que não se pareciam com o *packaging* tradicional do 911 e não tinham motor traseiro ou o ruído característico dos 911, os consumidores decretaram que aquilo não era um Porsche.

Como é possível saber quais os atributos que constituem a identidade, o núcleo invariável da marca? Os estudos de imagem quase não nos informam. É um erro acreditar que os traços mais atribuídos sejam todos identitários.

Para saber se um atributo faz ou não parte da identidade, é preciso perguntar aos consumidores se a marca continua a mesma quando esse atributo está ausente: uma Perrier com bolhas leves e pequenas ainda é uma Perrier? Uma moto que não tem aquele barulho característico ainda é uma Harley Davidson? Essa abordagem foi desenvolvida por um psicólogo que trabalhava com as representações sociais e a formação das imagens, Salomon Asch, em 1948. Com inspiração gestaltista, ele procurava isolar os traços que mais contribuíam para a representação global de uma pessoa: esses constituíam o núcleo central. Os outros eram traços periféricos flexíveis. Asch demonstrou, assim, que a imagem de uma pessoa não é construída ao adicionar traços, mas a partir de alguns deles, que geram a percepção do conjunto. Eles têm, portanto, uma função genética.

Toda marca também deveria conhecer os elementos que compõem o seu núcleo: até onde sabemos, está longe de ser este o caso. Contudo, as metodologias são conhecidas de longa data.

QUAL É O CONTRATO PARA AS MARCAS PRÓPRIAS?

A marca, como sabemos, pode ser comparada a um contrato implícito. De fato, é assim que ela funciona junto aos consumidores. Esse contrato não escrito, mas resselado a cada ocasião de compra, liga a empresa. Certamente, não poderíamos esperar uma fidelidade dos consumidores sem o compromisso por conta própria. A marca dá direitos, mas também obrigações.

É preciso, todavia, questionar a diferença entre os contratos próprios e as marcas de fabricante, entre os de revendedor e os produtos genéricos ou primeiro preço. Eles são de naturezas muito diferentes.

O contrato implícito associado aos produtos primeiro preço ou genéricos é um contrato quantitativo. Trata-se de dar o máximo pelo mínimo: mais quilos, mais litros, mais metros, mais sardinhas, mas fatias de presunto... por um preço ainda mais baixo. Com isso, com a garantia de seu sucesso, cria-se um vínculo afetivo baseado no sentimento de finalmente ser compreendido. O produto primeiro preço compreende o consumidor: este às vezes tem vontade de comprar, ao passo que não tem dinheiro. Por exemplo, no Natal, ele também quer ter acesso ao *foie gras*, ao salmão. Ele também quer poder comprar um uísque escocês ou um espumante. O produto primeiro preço luta contra a exclusão do consumo cotidiano, aquele que nega o direito de acesso à categoria sob o pretexto de que o consumidor não teria dinheiro suficiente.

O produto primeiro preço compreende também a lógica situacional do consumidor: de acordo com as situações, estamos mais ou menos implicados na categoria de produto. Não seria exagero comprar suco de laranja de marca quando se faz uma festa para um bando de criancinhas? Não seria melhor reduzir os custos da festa e fazer mais festas?

O produto genérico compreende, melhor que qualquer outro, as lógicas coletivas: as das famílias numerosas, as dos grupos, das coletividades, das cantinas e também as das festinhas informais.

A marca própria, dita "marca de referência", funciona em um outro registro: o da relação qualidade/preço. Subentendido em seu contrato, existe um processo de busca de fornecedores (às vezes, pequenas e médias empresas locais), com base em um caderno de encargos preciso: tentar fazer como a marca nacional, mas bem feito e mais barato. Por exemplo, foi assim que a Senoble se tornou o terceiro fabricante francês de iogurtes: é especializada no iogurte de revendedores e fornece suas marcas de referência. A marca própria corresponde a uma vontade de mudar a ordem do consumo: ela propõe substituir a sedução das marcas pela adesão a uma única marca, transversal (múltiplas categorias de produtos). Em todos os lugares onde há o pássaro da Auchan, situar-se-ia a boa escolha, a escolha racional, de consumidor "esclarecido". A marca de referência propõe uma relação de confiança: eu faço a boa escolha por você, por isso sou a sua boa escolha. Isso explica como a marca própria pode se estender a tantas categorias de produtos, ou até mesmo de serviços. A sua legitimidade não está no *savoir faire*, mas no serviço prestado.

Quanto à marca denominada do "terceiro tipo", assim como Reflets de France, marca exclusiva do antigo Grupo Promodès, ela se assemelha mais ao contrato das marcas de fabricante. *Dirige-se efetivamente a um consumidor envolvido, que não procura simplificar as suas escolhas, mas melhorar o seu dia-a-dia.* A Reflets de France funciona como uma marca coletiva de pequenas e médias empresas fabricantes, das quais nenhuma tem as forças da marca separadamente, mas que, juntas, têm o potencial dos produtos. Foi preciso a intervenção de um revendedor para garantir o acesso às prateleiras dos hipermercados e supermercados (o que, sem isso, é praticamente proibido às pequenas e médias empresas) e, ao mesmo tempo – e principalmente –, levar mais de 100 pequenas e médias empresas sob um guarda-chuva e um caderno de encargos comuns.

O contrato de marca de fabricante é um contrato especial. Por que a marca forte possui, além de um produto e um serviço eficientes, um verdadeiro imaginário de marca, uma simbólica, seu consumo é tanto do produto como do símbolo. Consumimos a sua identidade em todas as suas facetas:

– o físico da marca, seu produto, seu desempenho, seus serviços associados;
– sua personalidade, levada ou não por um ícone de marca que estimula seu potencial simbólico;
– seus valores (beber Virgin é mais do que beber um refrigerante de cola);
– a relação proposta (no caso da Virgin, uma relação de liberação).

Construímos, enfim, a nossa própria identidade por meio das duas últimas facetas do prisma da identidade da marca: o reflexo (em relação ao exterior) e a mentalização (que valoriza o nosso *self-concept*).

A identidade da marca aumenta a intensidade do vínculo, dando-lhe uma profundidade emocional. Ela não admite uma falha do produto, mas tende a tornar a marca menos substituível. Uma marca forte deve ser única, superior e especial. É a identidade da marca que constrói esse caráter "especial". Por isso, a Yop é a marca cultuada pelos jovens agora e 86% do mercado francês.

É por esse mesmo motivo que, na sua luta contra as marcas de distribuidor, as marcas de fabricante não devem se deixar embarcar em simples comparações sobre o produto. Aceitar as comparações é aceitar a redução da marca a um produto, a atributos funcionais. Se a marca nunca deve abandonar a pesquisa de uma vantagem sobre uma dimensão do produto, ela também não deve, em contrapartida, reduzir-se a essa única vantagem. Não faltarão, de qualquer forma, concorrentes para fazê-lo em quadros comparativos na imprensa ou em portais da Internet. O simbólico não entra nos quadros comparativos: ele é fator de insubstituibilidade.

Mais uma vez, é preciso equipar-se com uma identidade forte em todas as suas facetas. É isso que faz com que muitos medicamentos não sejam marcas. Para os laboratórios farmacêuticos, todo medicamento se reduz à sua substância. A construção de um valor agregado que, longe de substituir a superioridade do produto, lhe daria uma identidade mais forte, mais ressonância, ainda é rara. Alguns medicamentos se tornaram marcas quase por acaso, ou contra sua vontade, devido a uma crise de mídia mal administrada: é o caso do Prozac, por exemplo, do qual a imprensa fez um símbolo da nova sociedade.

TRANSPARÊNCIA E OPACIDADE

Tendo considerado a natureza de seu contrato implícito, a marca de fabricante deve encontrar o equilíbrio exato entre transparência e opacidade em sua comunicação. Não é por acaso que as grandes marcas preservam, a qualquer preço, a sua receita secreta (como a Coca-Cola, por exemplo) e outras, para não serem reduzidas a uma simples fórmula (12% de polpa para a Orangina), justamente complicaram suas fórmulas. De um modo geral, cada vez que o produto se torna "transparente", a marca enfraquece. Por transparência, entendemos o fato de os sinais da qualidade estarem acessíveis aos consumidores: isso reduz então a esfera de insubstituibilidade da marca.

É essa a diferença entre o mercado dos sucos de frutas, em que as marcas são fracas diante das marcas próprias, e os refrigerantes, em que as marcas são fortes. No entanto, o refrigerante não passa de água, açúcar, bolhas e extratos vegetais. Toda a diferença se deve à opacidade. Os refrigerantes são totalmente opacos: o que é a Sprite? Como reduzi-la a uma fórmula, a um produto? Impossível. Em contrapartida, a Pampryl é um suco de laranja da Flórida, de Marrocos ou de Israel, recém-espremidas, à base de concentrado, em uma garrafa de Barex. Nenhum desses atributos é propriedade da Pampryl. A sua qualidade é, portanto, totalmente objetivada e imitável: amanhã, o Carrefour poderá produzir o equivalente. Qual será, então, o valor agregado da marca perante o Carrefour para os consumidores? O mesmo não ocorre com a Coca-Cola diante da Carrefour Cola.

A dificuldade operacional é que, se transparência demais prejudica, um excesso de opacidade às vezes freia os consumidores: por ocasião do relançamento da categoria das infusões (até então bebida de pessoa idosa ou doente), a Unilever criou a marca Saveurs du Soir em torno do conceito de sedução trazida por uma inovação composta de misturas sutis. Com o tempo e a sensibilidade crescente dos consumidores no plano alimentício, esses sentiram um mal-estar diante da não-definibilidade dos produtos da Saveurs du Soir (como a Infusion du Cap Indien*). Seria preciso, portanto, tornar mais transparente a definição do próprio produto, o que leva, na verdade, a reduzir a porção de alquimia da marca e aproximá-la dos concorrentes que, como a Éléphant, propõem chás simples com sabores bem identificados (de frutas vermelhas, por exemplo).

O equilíbrio entre opacidade e transparência é construído, portanto, a cada dia, por meio de toques sucessivos. Acontece que categorias inteiras escorregam no excesso de transparência. Assim ocorre com as bicicletas. Mesmo que qualquer pessoa possa citar marcas – Peugeot, Raleigh, Gitanes, Mercier –, estas são minoritárias na França, perto das bicicletas da Decathlon, Go Sport, Nakamura (Intersport) ou Micmo (a marca dos hipermercados). É verdade que todas essas marcas se abastecem com câmbio Shimano e fazem referência a isso em suas propagandas e produtos. Sendo este o maior sinal da qualidade transparente e, ao mesmo tempo, comum a todos, compreende-se que o preço se torna, então, o critério discriminante. Apenas a marca americana Cannondale defendeu a sua identidade, recusando qualquer *co-branding*, não deixando outra marca, além da sua, aparecer nas bicicletas. O mesmo acontece com a Apple, ao passo que a maior parte das outras marcas de microcomputadores anuncia a qualidade de seu processador Intel, comum a todos, que por isso mesmo, iguala as diferenças entre marcas. Então, torna-se fácil para o Carrefour montar PCs a partir de componentes de marcas bem conhecidas.

*N. de T. Nome que, em português, equivale a "Infusão do Cabo Indiano" – na verdade, um chá de laranja com canela.

5

Marca ou não marca?

O interesse pela marca não deve cegar. Mesmo que, no vocabulário corrente, a palavra marca pareça predominar sobre todos os termos ou facetas do *marketing*, é impossível ser hipnotizado por ela. Atualmente, todos querem uma marca, como se fosse a panacéia da administração moderna. Marca ou morte, poderíamos dizer. Isso não é um exagero?

A MARCA NÃO SUBSTITUI O *MARKETING*

A marca penetra regularmente em novos ambientes além do grande consumo: a grande indústria, a indústria química, os serviços públicos, o turismo. Entretanto, as questões levantadas pelos novatos em marca revelam uma confusão, se não uma ilusão. Para estes, criar uma marca é, acima de tudo, um ato de comunicação: criar uma marca é, enfim, existir. Daí a focalização nos sinais, nos logotipos, no nome e nas verbas de comunicação. Devemos lembrar que criar uma marca é primeiramente associar uma proposta de valor a um sinal (nome etc.). A verdadeira pergunta deveria ser, portanto: qual valor agregado queremos associar ao nosso nome? Daí a cascata de questões que se originam do *marketing*: para quem isto é um valor agregado? Quais são os fatos que indicam que essas pessoas realmente valorizam essa proposta? Ela é defensável diante da concorrência? Possuímos os recursos para a sua aplicação durável? Como se vê, o requisito da marca é o "produto", com os seus componentes tangíveis e intangíveis. Esse pode já existir; então a função da marca é revelá-lo. Mas isso não é o mais freqüente. Resta, portanto, definir essa proposta e emiti-la na prática. Isso é bem mais difícil do que a própria comunicação.

QUAL É O RETORNO DO INVESTIMENTO?

Em todos os setores competitivos, a questão levantada friamente – e, aliás, com razão – pelas diretorias gerais trata do retorno do investimento de uma política de marca, a qual tem um custo certo e um retorno incerto. Os dados de notoriedade, de imagem, de atitude, não emocionam mais em tempos de EVA e de acionista-rei. É verdade que todas as grandes marcas suprimidas por suas empresas eram muito conhecidas às vésperas de sua extinção (Talbot, Nashua, UAP, Chambourcy, Olida, L'Alsacienne, Gervais etc.). Portanto, é necessário provar que esses indicadores ainda podem produzir valor, mas, dessa vez, para a empresa. Por exemplo, para avaliar a marca Onyx, que reúne suas empresas de coleta e tratamento de resíduos no mundo inteiro, a Vivendi espera que se estime aquilo que esses indicadores representam, em termos de suplemento de licitações em que se é consultado, ou de melhoria da taxa de sucesso nessas mesmas licitações, ou de retenção das concessões, etc.

EM QUAL NÍVEL SITUAR A MARCA?

Algumas empresas ficam voluntariamente escondidas atrás de suas marcas: Procter & Gamble é, assim, pouco conhecida pelos consumidores, mas suas marcas estão aprovadas (Ariel, Pampers, Always, Pantene etc.). A proposta de valor é comunicada apenas no nível do produto. A informática e o *high tech* comunicam, pelo contrário, no nível da empresa, cuja credibilidade e *expertise* fazem de seu nome a marca. Essas diferenças destacam a escolha estratégica principal que cada empresa deve fazer: a do nível ideal no qual situar a marca para capturar o valor, portanto, o lucro.

Por exemplo, será que é preciso desenvolver a notoriedade do Astra, o satélite desenvolvido pela CLT [Compagnie Luxembourgeoise de Télédiffusion] pelo qual o público recebe as imagens digitais do Canal Satellite? Será que isso cria valor agregado e, portanto, teria influência nas preferências dos clientes finais? Pelo contrário, o essencial do valor hoje não reside nos serviços associados ao Canal Plus ou à TPS* [Télévision par Satellite] e assim, portanto, nesse (e só nesse), nível as marcas devem ser situadas. Ou ainda, não seria o momento de construir verdadeiras mar-

---

*Pacote digital que resultou da união dos canais franceses TF1, Lyonnaise des Eaux, CLT, France Télévision e M6.

cas de cadeias como Muzzik, Odyssée, Eurosport? Todos os operadores de uma cadeia de valor possuem vocação para ser marca, ou seja, investir para tornarem-se o sinal de um valor agregado procurado. Claro que não. Será que tudo depende daquilo que, na opinião dos consumidores, é valor?

Para retomar o exemplo acima, onde situar a marca?

- Será no âmbito da montagem, do receptor de canais em torno de um certo conceito, simbolizado, por exemplo, no Canal Plus, por seus famosos programas estrategicamente não criptados, como o "Nulle part ailleurs", com um nome que inclui dupla promessa (a unicidade do Canal Plus e o humor crítico distanciado, típico desse canal)?
- Será no âmbito do canal, como a Disney Channel ou a CNN, indispensáveis em um pacote que pretende ser completo?
- Será no âmbito do suporte técnico, no caso do satélite que permite a multiplicação dos canais digitais, futuramente a Internet via satélite e a interatividade total?

Deve-se abordar a questão à luz da evolução provável dos pacotes que, a exemplo dos EUA, não têm mais exclusividade sobre os canais. O interesse da Disney Channel não se restringe exclusivamente ao da Sky TV ou do Canal Plus. Portanto, a TPS chegará lá em breve.

O problema do nível no qual deve estar situada a marca na cadeia de valor é verdadeiramente estratégico, pois as problemáticas a longo prazo, assim como os investimentos, são significativos, mas os retornos são arriscados. Os parâmetros a serem considerados são, aliás, os da análise estratégica moderna[1]: durabilidade da vantagem competitiva, tamanho do mercado, natureza dos novos entrantes, análise da migração das zonas de lucro associada à evolução dos clientes.

É necessário, em matéria de escolha do nível, evitar qualquer narcisismo: certamente, as organizações ficam felizes por se falar delas, mas isso será fonte de valor? Para que desenvolver a notoriedade da TDF [Télédiffusion de France] junto ao grande público?

Essas questões de nível de marca não dizem respeito unicamente aos operadores de serviço, mas também à indústria agro-alimentícia, que recentemente descobriu o interesse estratégico das marcas de ingredientes, isto é, do nível infra-produto.

---

[1] SLYWOTZKY, Adrian J. *Migração do valor: como se antecipar ao futuro e vencer a concorrência.* Rio de Janeiro: Ed. Campus, 1997.

O NOVO ATRATIVO DAS MARCAS DE INGREDIENTES

Na França, todos já ouviram falar de LC1, a marca lançada pela Chambourcy-Nestlé em 1994 para responder à onda crescente de produtos dietéticos, em particular os refrigerados com *bifidus*. O mercado tinha sido aberto pelo B'A em 1986 (a partir do nome *bifidus activus*) da leiteria Saint Hubert, depois recuperado pela Danone com o Bio e muitos meios publi-promocionais. Em 1994, a Nestlé foi além do dietético e reivindicou uma ação realmente médica do produto alimentício. A firma ambicionava lançar verdadeiros alimentos-remédios graças à potência de seu centro de pesquisas, o CRN (Centre de Recherche de Nestlé), que emprega 350 pesquisadores de 35 nacionalidades diferentes. O LC1 era o primeiro a reivindicar a apelação de alimento funcional. Ele não se contentava em melhorar o trânsito intestinal; pretendia prevenir as doenças reforçando o sistema imunológico do organismo.

O LC1 é, na verdade, baseado em um novo tipo de fermento láctico, diferente das bifidobactérias do B'A ou do Bio. A estirpe LC1 (Lactobacilo Acidófilo 1) foi selecionada entre 3.500 estirpes do banco de fermentos do CRN, após quatro anos de trabalhos. Como dizia o *slogan* da propaganda: "O LC1 ajuda o seu próprio corpo a se proteger".

Os resultados do lançamento foram decepcionantes: numerosas auditorias recomendaram a modificação ou do posicionamento, ou da embalagem, ou da execução. Na realidade, o problema deveria ter sido levantado em um outro nível. O LC1 deveria ter sido lançado como uma marca de produto, com uma linha, ou teria sido mais prudente lançá-lo como uma marca de ingrediente, ou seja, um nível abaixo?

As indústrias química e farmacêutica tornaram-se mestres na arte das marcas de ingredientes. Todos os gigantes da química fabricam elastano, uma fibra artificial que é fonte de elasticidade para o setor têxtil. Uma única empresa diferenciou o seu elastano a ponto de fazer disso um sinal indispensável de qualidade, sem o qual uma roupa não parece moderna, flexível, elástica e na moda: a Du Pont de Nemours. Nenhum fabricante têxtil de alto nível ou alta moda pode passar sem a etiqueta Lycra. Para evitar pagar esse preço (naturalmente mais elevado, pois carrega valor agregado), a Dim pensou poder dispensá-la, mas teve de voltar atrás: as consumidoras atribuem demais à Lycra o papel de selo de qualidade (como, aliás, a Woolmark) e *glamour*.

Talvez devessem ter aproveitado o tempo e feito do LC1 aquilo que a Lycra se tornara. Isso implicaria uma estratégia de divulgação do LC1 no seio das marcas existentes do portfólio, em todas as categorias possíveis.

Isso também faria do LC1 um centro de lucro, capaz de vender a todos os gigantes da indústria agro-alimentícia que o desejassem. Os lucros teriam sido bem mais consideráveis para a imagem e, ao mesmo tempo, para a necessidade de reconhecimento da Nestlé nos círculos médicos, nutricionais, mas também para as marcas que o contivessem e, enfim, para a equação econômica do sistema.

Basta observar a abordagem da Monsanto para entender as enormes potencialidades que a marca de ingrediente compreende, mais do que o *marketing* tradicional de uma marca-linha. A Monsanto inventou um edulcorante sintético que recebeu o nome científico de Aspartame. É o nome da substância, que a Monsanto vende a todas as empresas agro-alimentícias que a desejem, com a marca NutraSweet. De fato, um dia, as patentes do Aspartame cairão em domínio público. Porém, o valor já está ligado à marca comercial NutraSweet. Ela está, portanto, dissociada do destino previsível do Aspartame. Além disso, a Monsanto lançou a sua marca do mercado de consumo mundial, a Canderel, concorrente dos outros açúcares dietéticos do mercado. Este modelo poderia ter sido seguido pelo LC1. Ninguém duvida de que refletirão sobre essa experiência em Vevey.

MUDAR DE NÍVEL?

Freqüentemente, as marcas que se situaram com sucesso no nível de um ingrediente tendem a mudar de nível estratégico, criando uma marca para o produto global. Assim, os novos donos da Look, marca conceituada em pedais automáticos para bicicletas, anunciaram sua intenção de lançar uma linha de bicicletas com o seu nome. A menos que se trate de um ato de comunicação, também chamado de produto de imagem (como a Renault, que agora vende bicicletas com o seu nome em suas concessionárias para aumentar a proximidade da marca com toda a família), esse processo está cheio de perigos, pois a Look entrará em outro mercado, em que a situação competitiva é bem diferente, assim como as perspectivas de lucro.

A Look, como a Shimano, tornaram-se, a exemplo da Lycra ou da Intel, sinais de qualidade reconhecidos no plano mundial. Uma bicicleta equipada com marchas Shimano tem, de imediato, uma conotação de qualidade junto a clientes do mundo inteiro. A Shimano é líder mundial incontestada de um nicho: a maioria das marcas de bicicletas compram da Shimano (as outras compram as marchas do segundo lugar mundial, a Campagnolo). Todas as marcas de distribuidor, seja a Micmo, a Decathlon ou as bicicletas

Wal Mart, dão sinais de sua paridade em comparação com as "grandes marcas", avançam o *co-branding* das marcas mundiais de ingredientes (pneus Mavic, marchas Shimano, pedais Look) que equipam suas bicicletas, o que as torna 30% mais baratas.

Que interesse teria a Shimano em abandonar a dominação mundial de seu nicho? A Mavic, referência das rodas de competição, agora filial da Adidas-Salomon, não errou aí. O valor agregado do ingrediente seria dissolvido no preço do produto global (bicicleta), diante de outras bicicletas que apresentam a mesma marca de ingrediente, mas são bem mais baratas e levadas pelos circuitos mais dinâmicos da distribuição local. Na França, por exemplo, em geral compra-se bicicletas de duas rodas em uma grande loja alimentícia (hipermercado), sendo apenas 30% compradas em uma grande loja especializada do tipo Decathlon. Ora, esses dois circuitos distribuem marcas próprias. Todas as marcas "famosas" Peugeot, Gitanes, Mercier, Raleigh, Cannondale etc. concorrem em apenas 20% do mercado. Quando se conhece os planos de expansão internacional da Decathlon na Europa, pode-se esperar que esse perfil de distribuição se estenda para lugares como nos países nórdicos, onde a distribuição de proximidade ainda represente 80% das vendas, considerando-se a valorização do serviço.

Na vida das marcas, o problema da escolha do nível se apresenta, em geral, em forma de questões sobre a extensão de marca, por isso não é reconhecido como tal. Para uma marca como a Amora, por exemplo, passar da simples mostarda ao vinagre, depois ao *ketchup*, é mudar de nível: deixa-se de ser a marca de um produto para se tornar a marca de um universo mais amplo, o dos complementos alimentares e culinários associados à gastronomia, unidos pela força do sabor. Da mesma forma, a McCain não significa batatas fritas congeladas, nem pizzas, nem bolinhos, nem chá gelado, mas culinária e pratos americanos, generosos, simples, lúdicos, informais. É uma marca que reina em várias categorias de produtos devido ao nível em que ela decidiu concorrer. É nesse nível que a marca quis situar sua concorrência: é aí que ela pensa em usufruir da melhor vantagem competitiva, diante tanto dos revendedores como dos consumidores. A escolha do nível deve ser efetivamente governada por essa única preocupação.

6

O fim das marcas locais?

O recente anúncio feito pela Unilever sobre o seu desejo de extinguir três quartos de suas 1.400 marcas daqui a três ou cinco anos não deve surpreender. Com o tempo, todas as empresas tendem a ver o aumento do número de suas referências, de produtos em seus catálogos. Existe sempre uma boa razão, geralmente local, para satisfazer tal revendedor lançando uma variante nova. Essa prática não pode resistir à administração moderna. O revendedor, agora bem informado sobre a rotatividade, não tem qualquer restrição em extinguir as marcas que não satisfazem seus critérios de rentabilidade. O anúncio da Unilever certamente aprova ou antecipa esse processo. Entretanto, se analisarmos a questão mais profundamente, será que a decisão da Unilever não anunciaria o fim de um modelo de gestão de marcas, o multidoméstico, que parecia, até então, diferenciar a Unilever, mas também a Nestlé, de sua grande rival, a Procter & Gamble?

De fato, há vários anos, a Procter decididamente tomou partido das marcas globais e eliminou voluntariamente todas as suas pequenas marcas locais antes de atacar as marcas locais fortes que, ainda que líderes de suas categorias em um determinado mercado geográfico, sofriam de uma falha incorrigível: "são marcas locais". É verdade que, na busca do melhor rendimento dos investimentos, a homogeneização transfronteiras dos produtos e das marcas produz economias substanciais. Por exemplo, não imaginamos o quanto é onerosa a proliferação dos formatos e tipos de embalagem de um país para outro. Tais economias são bem úteis diante dos grandes varejos concentrados, os quais são também globais, cada vez mais gulosos. Ao modelo da globalização, opunha-se o modelo multi-doméstico no qual a P&D é comum, mas a sua expressão no nível dos produtos, dos benefícios aos consumidores, adaptava-se um pouco às expectativas locais, fosse por meio de uma marca comum (de características localmente otimizadas), ou de marcas diferentes (mas muito conhecidas localmente). As exigências sempre crescentes dos acionistas e do varejo concentrado levam as empresas à redução dos custos, pela simplificação dos processos e pelo compartilhamento dos recursos: desse ponto de vista, a dessegmentação reduz os custos. Toda otimização local tem também um ônus: o da adaptação. Podemos pensar que a pressão dos grandes varejos sobre os preços e as margens, mais a do acionista, eliminará a preocupação das diferenças locais e acentuará a globalização dos produtos e marcas. Não existe mais lugar para as marcas locais?

O IMPÉRIO CONTRA-ATACA

Em 1998, qual foi, na Rússia, um dos maiores sucessos em termos de lançamento de um novo produto? Terá sido o lançamento de uma de nossas grandes marcas internacionais? Não, foi o lançamento de uma nova marca de cigarros, a Yava Gold, da British American Tobacco, a desafiante da Philip Morris na dominação mundial do mercado de tabaco. A BAT poderia ter lançado uma de suas numerosas marcas mundiais. Mas não, ela lançou uma marca local.

Mais interessante ainda foi o eixo do posicionamento fixado: o orgulho nacional, expresso pelo tema da propaganda "o império contra-ataca". Não devemos ver aqui uma referência à saga de Guerra nas Estrelas, mas simplesmente um hino ao orgulho da grande Rússia. A Yava Gold propõe aos fumantes russos um novo cigarro, com padrões de qualidade internacionais, mas que não significa o abandono da identidade nacional em prol de uma cultura global. A Yava Gold prefigurava Vladimir Putin.

Na República Tcheca, a Danone estreou sua implantação graças aos iogurtes Danone. Depois, foram lançados os biscoitos Danone. A experiência foi interrompida ao final de algum tempo. A Danone recuou e preferiu transformar a marca local Opavia em uma grande marca local, de qualidade européia. Na Rússia, a marca de biscoitos Danone se chama Bolchevik. Porém, não nos enganemos, os consumidores russos não fazem da compra dessa marca o sinal de uma ligação nostálgica ao sovietismo. Para eles, a Bolchevik agora é parte de sua história, da mesma maneira que um consumidor de conhaque Napoléon se sente em familiaridade histórica, sem, no entanto, ser um bonapartista de coração.

Qual é a ligação entre todos esses exemplos? Nos países emergentes, os consumidores certamente querem ter acesso à qualidade, mas, sendo humanos, também ficam contentes por sentirem-se orgulhosos. Eles não estão necessariamente aguarda as nossas marcas com tanta impaciência. Isso contrasta com um dos não-ditos da globalização das marcas.

GLOBALIZAÇÃO OU OCIDENTALIZAÇÃO?

No começo de 1996, a revista *The Economist* descrevia assim o retrato da China do futuro:

"Em 2006, os chineses mais abastados acordarão de manhã, lavarão os cabelos com um xampu da Procter & Gamble, escovarão os dentes com Colgate, e quanto às chinesas, elas usarão batom Revlon. Com os seus Toyota bloqueados em um engarrafamento, eles acenderão um Marlboro, elas darão uma olhada na versão chinesa da Elle, procurarão no fundo das bolsas os telefones Motorola para ligar para a secretária no escritório. Chegando a este, abrirão uma garrafa de Pepsi antes de ligar seus Compaq e trabalhar no Windows."

É possível que, no que se refere à alta tecnologia, o progresso agora não possa mais vir a não ser de empresas mundiais. Deve-se deduzir daí que todas as marcas preferidas serão globais? Para o redator do texto acima, a hipótese é de que os produtos das empresas multinacionais são de melhor qualidade do que os de seus concorrentes chineses e também são sustentados por um *marketing* muito mais profissional. Várias observações podem ser feitas a este respeito:

- O que talvez seja verdade sobre a China não o é sobre a Índia, onde a economia produziu equivalentes da maior parte dos nossos produtos de grande consumo para um enorme mercado interior, a um preço adaptado ao nível de vida local (a renda média lá é de 833 dólares/ano, e cerca de 700 milhões de indianos são não-consumidores absolutos), em geral também com uma melhor adaptação do próprio produto aos hábitos e costumes locais.
- O que é verdade sobre o produto não o é *ipso facto* sobre a marca. Não devemos esquecer que aquilo que, no exterior, chamamos de "marca local" é assimilado na Índia como uma marca indiana, isto é, uma marca que faz parte da vida cotidiana daquele país, muito próximo de si desde sempre, uma propriedade coletiva da comunidade, uma afabilidade. As empresas multinacionais certamente devem elevar o ní-

vel qualitativo, mas isto pode acontecer por meio do suporte afetivo de marcas ditas locais. Uma marca local indiana, visando a 300 milhões de consumidores potenciais indianos, vale o mesmo, pelo tamanho desse mercado, que as nossas marcas européias. Além disso, a sua compreensão desses recursos psicológicos do consumo é infinitamente superior: a consumidora de Calcutá optará por Colgate ou Vicco Vajradanti (pasta dental baseada na medicina ayurvédica), escolherá Revlon ou os batons Lakme? Os carros Toyota ou, antes, Maruti, bem mais baratos?

- Muitas marcas "locais" têm um nome internacional e não são assimiladas como locais. A Moulinex recomprou no Brasil o líder "local" (lembremos que o país tem aproximadamente 200 milhões de consumidores) em matéria de ventiladores e de tratamento do ar: chama-se Mallory. Os brasileiros conhecem a Mallory há muito tempo, mas será que deduzem que a marca está limitada ao seu país? Não. O mesmo ocorre na França com marcas como Hollywood Chewing Gum, Brandt, Clan Campbell, Panzani, todas líderes em seus respectivos mercados. Ao contrário, muitas marcas consideradas globais conseguiram se integrar notavelmente, criar tamanho vínculo de proximidade que todos pensam que se trata de uma marca do país. Assim, para um americano, o remédio Rennie é americano; para um alemão, é alemão; é francês para um francês (na verdade, é suíço). Foi apenas recentemente que a Ariel destacou, na sua propaganda, o fato de que ela é a marca preferida em todos os países da Europa.

Voltando ao roteiro do futuro previsto para a China pelo *The Economist*, bastante liberal, por trás da globalização das marcas se perfila uma obviedade ideológica: levaríamos por meio delas o progresso, até mesmo a felicidade, que faz falta nos países até então privados dessas marcas, tendo para satisfazer suas necessidades apenas marcas locais. Ao promover essas marcas, não somente se homogeniza um pouco mais o planeta, mas essa homogeneidade é a dos valores e produtos do Ocidente (mesmo que as marcas sejam japonesas ou coreanas). Sob esse ponto de vista, não é de se espantar que a afirmação de princípio sobre a globalização como único futuro do *marketing* tenha nascido nos EUA.

COMPLÔ CONTRA AS MARCAS LOCAIS

Atualmente, em todos os estados-maiores dos grandes grupos, dá-se prioridade à globalização das marcas. Por exemplo, a Procter & Gamble segue uma estratégia de europeização muito voluntarista de suas marcas. Ela quer desenvolver euromarcas fortes, que tenham o mesmo produto, o mesmo nome, a mesma embalagem, os mesmos posicionamentos e conceitos publicitários. Quer também deter, em cada país, um portfólio de marcas que correspondam às principais necessidades dos consumidores, oferecendo uma marca por segmento. A conseqüência é a vontade de eliminar ou modificar as marcas locais que não se encaixem nesse portfólio (modificação por meio de mudança de nome ou de reposicionamento sistemático, como foi o caso do Pantene na França, passando de xampu para homem para o *status* de marca internacional para mulheres). Essa lógica faz com que se dê pouca esperança ao Vizir ou ao Bonux na França, ao Daz na Grã-Bretanha, ao Dreft na Bélgica e na Holanda. No setor de higiene, a filial francesa revendeu marcas que tinha comprado havia pouco tempo: os sabonetes Roger Cavaillès, Monsavon, Biactol e o famoso Pétrole Hahn, todas marcas lucrativas em nichos.

Não se trata aqui de duvidar do interesse da globalização. A expansão internacional das marcas é justificada, como já examinamos anteriormente, por meio do novo campo da concorrência moderna, o que os anglo-saxões chamam de *market space* em oposição ao *market place*. Por outro lado, como as mesmas necessidades tendem a surgir em todos os continentes, deveríamos poder corresponder, da mesma maneira, em todos os lugares. Além disso, a homogeneização das respostas produz valor graças:

- à redução considerável dos custos que autoriza (fábrica única, equipe de *marketing* único, filme publicitário único);
- às novas oportunidades às quais finalmente permite acesso, como o patrocínio dos eventos mundiais que iluminam o planeta (os Jogos Olímpicos, a Copa do Mundo de futebol, a Fórmula 1, o Grand Slam).

Movidas pela própria distribuição que se globaliza, as multinacionais se livram das marcas locais para se ocuparem apenas da única coisa que parece valer a pena: as marcas globais. O erro seria deduzir que as marcas locais não são mais interessantes. Tudo o que esses exemplos nos dizem é que as multinacionais como a P&G optaram por uma estratégia exclusivamente global; além disso, talvez elas não estejam mais adaptadas à administração das marcas-nicho.

É verdade que, nas reuniões internacionais, os chefes de produtos destinados a uma marcal local se mostram fracos. Eles parecem estar sendo punidos: ninguém conhece suas marcas primitivas, quase exóticas, herança de uma outra era, mais problemáticas e necessariamente modestas, já que são limitadas no espaço. As outras, pelo contrário, confrontam suas experiências européias ou mundiais nesses objetos de troca que não conhecem mais fronteiras: as marcas globais.

Assim, o prognóstico do professor americano T. Levitt, de Harvard, que escrevia desde 1983 que não havia esperança para as empresas além das marcas mundiais parece bem respeitada. De fato, nos *rankings* anuais do valor financeiro das marcas, há somente marcas globais: Coca-Cola, Sony, Dell, Intel, Compaq, Microsoft, IBM, Marlboro etc. Em muitas multinacionais, atualmente, a pressão é grande para desativar as marcas locais. Por que manter a marca franco-francesa Éléphant no segmento de chás, se a Unilever já dispõe da Lipton no plano mundial? Para que manter o Bonux na França, no portfólio das marcas de detergente da P&G? Por que manter o Dreft, mesmo que seja a terceira marca nos mercados belga e holandês, muito rentável, líder de seu segmento e dotado de taxas de penetração e notoriedade recordes, resultados de 40 anos de publicidade contínua?

Apesar disso, as marcas locais não interessam mais? Além dos clichês, não haveria poços de lucratividade em certas marcas locais? A resposta é sim.

Não é por acaso que, na Índia, a Coca-Cola Company recomprou e desenvolveu o refrigerante de cola local número 1: a Thumb's Up. A lucratividade da empresa Benckiser, que acaba de se fundir com a Reckitt & Colman, provém da sua estratégia de marcas-nichos, dentre as quais algumas são nichos geográficos, como o famoso detergente Saint-Marc. A Henkel desenvolveu e conservou cuidadosamente o detergente Le Chat, posicionando-o na ecologia.

Uma coisa é constatar que alguns grandes grupos multinacionais não sabem ou não querem mais administrar as marcas locais, pois isso não tem mais relação com as suas estratégias, suas culturas e suas organizações e, portanto, livram-se delas; outra coisa é decretar, sem maiores precauções, que as marcas locais interessam pouco. Certas marcas locais possuem um valor fantástico, sejam elas assimiladas como locais pelo consumidor ou não. Aliás, em muitas categorias de produtos, os líderes são locais, até mesmo regionais: é o caso, por exemplo, da cerveja, dos sucos de frutas, até mesmo do uísque na França, por exemplo (com o trio William Peel, Clan Campbell e Label Five).

O VALOR DAS MARCAS LOCAIS

Quando são líderes de seus mercados, as marcas locais são reservatórios de valor que devem ser mantidos e sustentados com entusiasmo.

- *Uma das primeiras forças da marca local é o seu enraizamento e a força do vínculo com os consumidores locais que resulta disso.* Os pais já a praticavam, os filhos a reencontraram. O motor da relação é a confiança, a fidelidade por apego. Por exemplo, no campo da pintura, o grupo ICI leva, de forma muito voluntarista, o desenvolvimento de uma marca mundial: a Dulux. Sabemos que os profissionais encontram valor no fato de comprar marcas internacionais (sinais de qualidade), mas isso não é tão certo com os consumidores que pintam as persianas uma vez a cada cinco anos. É por isso que a ICI ainda hesita em eliminar a famosa marca local Valentine. Os distribuidores como a Castorama ou a Leroy Merlin, que se tornaram europeus, apreciam as marcas globais. O consumidor, porém, atualmente vê pouco valor na Dulux, para ele uma marca nova, sem história nem referências, sem a segurança implícita do nome Valentine. Da mesma forma, no campo das bicicletas, o líder europeu é o grupo sueco Cycleurope, cuja estratégia é comprar todos os líderes locais: a DBS na Noruega, a Monark-Crescent na Suécia, a Kildemoes na Dinamarca, a Bianchi na Itália, a Gitane na França, sem esquecer da licença Peugeot Cycles. Cada uma dessas marcas não dirá nada ao leitor, além da marca nacional de seu próprio país. Porém, a DBS detém 30% do mercado norueguês, a Crescente, 20% do mercado sueco, a Kildemoes, 15% do mercado dinamarquês. São marcas onipresentes. Para manter o seu valor, não se deve hesitar em fazê-las entrar bem cedo nos novos segmentos abertos pelas marcas internacionais (o ATB [All-Terrain Bike], o *mountain bike* etc.). Assim, elas guardarão todas as suas pertinências, além da proximidade.
- *A segunda força das marcas locais, principalmente no que se refere aos países emergentes, é a sua adaptação ao nível econômico do país.* Na Índia, um carro de 20.000 dólares é um luxo (é o preço do Ford Escort). Um Maruti vale 10.000 dólares e apóia-se agora no saber fazer da Suzuki. O refrigerante de cola local Thumb's Up, líder do mercado, é mais acessível que a Coca-Cola. Os consumidores indianos não estão obcecados pela ocidentalização. Eles são sensíveis ao preço, aos valores e não renegaram de forma alguma a própria cultura. A abertura do McDonald's em Mumbai não deve iludir.
- *A terceira força é cultural.* A marca local é uma poderosa afabilidade social: é o caso da Ricard na França, da Oxo na Grã-Bretanha (os cubos para caldo), dos sorvetes Miko ou Wall's... Na França, a Nestlé usufrui de uma marca local muito antiga, a Ricoré, cuja caixa de 250g é o único produto da multinacional a ostentar uma distribuição de

valor (DV) de 100% (fonte: ACNielsen) embora o faça com o Caldo Maggi. Algumas marcas locais se afirmaram em poderosos símbolos coletivos locais, como o detergente Saint-Marc e a Javel La Croix, de onde tiram uma fidelidade que basta desenvolver, elevando a qualidade dos produtos aos padrões de hoje.

- *A quarta força das marcas locais bem implantadas é, enfim, a sua rentabilidade.* A Ricoré é provavelmente a melhor vaca leiteira do portfólio da Nestlé na França. A marca aproveita-se de uma taxa recorde de compradores fiéis, ligados à marca e que resistem a qualquer mudança. Considerando os investimentos publicitários de apoio a essa marca, imagina-se a sua rentabilidade.

Entendemos então que muitas multinacionais estão à espera de boas marcas locais, equipadas com os atributos citados acima, para penetrar em novos mercados graças a um abridor de portas notável (da distribuição). Foi o que aconteceu com a Moulinex ao comprar a Mallory no Brasil, a Pernod Ricard quando comprou o gim Larios na Espanha (líder absoluto de seu segmento, um símbolo nacional). Essas marcas líderes, rentáveis, são plataformas insubstituíveis para estender um portfólio de marcas novas.

UM REJUVENESCIMENTO NECESSÁRIO

A força das marcas locais se deve, como vimos, a duas causas: a familiaridade histórica e o fato de que dão mais atenção do que ninguém à satisfação das motivações de compra locais, dos consumidores de seus mercados. Isso explica participações de mercado espantosas:

> *Na Suíça*, o sabão em pó Enka, lançado em 1908, detém 50% do mercados dos aditivos para pré-lavagem. Os lançamentos sucessivos de todos os grandes detergentes nunca abocanharam a sua participação de mercado.
> *Na Noruega*, o detergente Krystal, lançado em 1916, natural e cozido em óleo vegetal, domina a marca global Ajax. Contudo, o Krystal não é mais eficaz que o Ajax, mas tem um cheiro agradável e proporciona boas sensações aos consumidores noruegueses, garantidas pela marca.
> *Nos Países Baixos*, o nº 1 dos xampus não é Pantene, nem Elsève, nem Organics, mas Andrelon, sobrenome de um famoso cabeleireiro holandês. Diferente de todos os xampus internacionais, cuja publicidade mostra *top models* saídas de um desfile de moda, o Andrelon

apresenta o que poderíamos chamar de *girl next door* e promete simplesmente revelar a sua beleza natural. É verdade que as holandesas acham os xampus internacionais espessos demais e com excesso de condicionamento. O Andrelon presta a máxima atenção nas consumidoras holandesas, por isso o seu sucesso.

Para as empresas engajadas prioritariamente no *marketing* de suas marcas globais, "ordenhar" essas marcas locais é tentador. Afinal de contas, os vínculos baseados na familiaridade e na história têm uma certa durabilidade, e seus consumidores que envelhecem são fiéis. Assim, o Enka não fazia propaganda. Desse modo, opera-se uma confusão entre marca antiga e marca antiquada. O vínculo social é intergeracional. A revitalização dessas marcas produz efeitos surpreendentes nas camadas mais jovens da sociedade, com a condição de que saibam torná-las empolgantes e presentes na consciência, assim como para qualquer marca. Isso passa por várias etapas:

- *Atualizar o design e o logotipo*, tendo bastante cuidado de preservar os sinais de reconhecimento essenciais, até mesmo de reforçar os valores. Por exemplo, aumentando o tamanho do símbolo do cisne nórdico do Krystal. É preciso, entretanto, tratar com precaução o produto histórico, que desempenha o papel de ícone da marca. Quando a Procter & Gamble retomou a Pétrole Hahn, antes de revendê-la recentemente, ela tomou o cuidado de não modificar demais a embalagem do produto padrão, mas concentrar-se nas extensões e nos novos formato.
- *Trabalhar em novos formatos do produto* que atestem a modernidade, a compreensão dos novos modos de uso desejados por consumidores locais. Assim, o Krystal esperou até 1972 para lançar uma versão líquida, junto à pasta lançada em 1916.
- *Não hesitar em penetrar nos novos mercados, sem complexos.* Assim, a marca de bicicletas DBS, líder do mercado norueguês, lançou-se na venda de ATB, ao passo que era até então tachada como produtora de bicicletas de família. Mesmo que alguns jovens noruegueses queiram comprar uma ATB da americana Cannondale, na verdade a maioria das ATB vendidas na Noruega está agora sob a marca DBS, sinal do poder da marca e de seu potencial latente. Restava, no entanto, transformar essa virtualidade em realidade, o que foi feito. Ao mesmo tempo, moderniza a imagem da DBS e aumenta seu poder de mercado.
- *Modernizar a comunicação respeitando os valores.* Assim, a do Krystal lembra as doações feitas pela marca à WWF, a fundação de defesa da vida natural e selvagem.

7
A era da eficiência

A administração das marcas entrou na era da eficiência. Isso é normal. Ao contrário do que dizem os manuais de *marketing*, a prioridade do gerenciamento não é mais o cliente, mas o acionista. Este, especialmente quando se trata de fundos de pensão, deseja agora um rendimento forte e garantido. As aposentadorias dos sêniores do ano 2000 devem ser generosas e certas: é preciso, portanto, assegurar-lhes um rendimento sempre crescente dos investimentos. Sob o ponto de vista da gestão de marcas, não basta produzir resultados, ser eficaz: mais uma vez, é preciso ser eficiente. Dar prioridade ao rendimento. Reconheçamos que isso foi a menor das preocupações do *marketing* até então. Há vários anos, os gastos publicitários não param de aumentar em todos os mercados, como o custo dos *spots*, mas ainda faltam as provas dos rendimentos dessas somas investidas em campanhas de massa. Daí a crise de legitimidade da publicidade no conjunto da rediscussão das práticas tradicionais da administração das marcas. A Procter & Gamble acaba de anunciar que, de agora em diante, gostaria de remunerar, suas agências de publicidade a partir da base do rendimento.

RELAÇÃO DOS FATOS

Teoricamente, deveríamos estar em condições de prever, para cada investimento de *marketing*, o rendimento que esperamos, com o risco de rever os números à medida que passamos da previsão para a realização efetiva. Seja uma mudança de logotipo, personagem de marca, embalagem ou o lançamento de uma extensão de linha, de uma promoção, não se deveria fazer hoje qualquer recomendação sem especificar o seu rendimento financeiro esperado. Senão, como justificar a concessão dessas somas a um investimento em detrimento de outro? O que é verdade na prática para qualquer decisão relacionada, por exemplo, a uma mudança de métodos logísticos, ou à construção de um novo depósito, não parece ter penetrado com a mesma rapidez nos círculos do *marketing*. Na teoria, consentem. Na prática, resmungam: ainda vivem em um "conto de fadas".

Toda a ênfase atual sobre a EVA, a criação de valor, a remuneração dos capitais investidos não poderia deixar o *marketing* protegido dessa preocupação de eficiência.

Já no início da década de 1980, ocorreu uma revolução cultural a partir do momento em que havíamos ultrapassado as simples medidas psicológicas da força de uma marca (notoriedade, imagem, conjunto abordado etc.) e proposto uma medida financeira do "*goodwill* ou sobrevalor ligado ao seu nome".

Em *marketing*, há muito tempo pedimos relatórios apenas aos técnicos do *marketing* direto ou da promoção. Esses eram vistos como as únicas pessoas que dispunham de informações comportamentais que permitissem calcular um rendimento. Além disso, era freqüente as avaliações das promoções estarem desgastadas, contentando-se com comparações do tipo "antes e depois". Não somente se deve comparar àquilo que foi vendido sem a promoção (segundo toda hipótese), mas sobretudo integrar o custo real das promoções, que é sistematicamente subavaliado. Em geral, omitimos os custos de complexidade: o aumento das referências por um período provisório, os problemas logísticos e de produção, os estoques suplementares, o tempo decorrido etc.

Agora, as diretorias gerais dos grandes grupos querem estender a lógica dos fatos a todo pedido de investimento em *marketing*, cujo objetivo não é maximizar as vendas, mas os lucros. O dinheiro é raro: por que abonar preferencialmente aqui e não em outro lugar? Por que, por exemplo, essa extensão de marca: será que pesaram os prós e contras de todos os custos (como, por exemplo, de oportunidade, da aprendizagem, de complexidade) e os compararam com a solução alternativa que seria a de trabalhar mais no produto padrão, tornando-o justamente menos padrão?

A gestão de marcas protegeu-se, por um tempo excessivamente longo, no refúgio do qualitativo. Como se os números assustassem. Talvez, por cultura ou formação, muitos administradores de marca opõem a idéia ao número. Não se trata mais de opor os dois. Queremos administradores engenhosos, criativos, mas também responsáveis pelas somas investidas. A experiência indica que a mudança raramente vem do interior. Prova disso é o atual sucesso das grandes empresas de consultoria nas empresas para abordar problemas de marca.

Só podemos ficar espantados com a crescente presença das McKinsey, Accenture, BCG, Cap Gemini etc. no que era, até então, território das agências de publicidade ou de suas companhias de consultoria integradas. Essa escalada corresponde a vários fatores:

- *O reconhecimento do caráter estratégico das decisões sobre a marca* e, portanto, a necessidade de obter recomendações independentes de qualquer preocupação ligada à aplicação prática (como, por exemplo, quem ganhará ou perderá a verba publicitária etc.).
- *A proximidade das diretorias gerais das empresas* por meio de missões anteriores de organização, investimentos estratégicos ou portfólios de atividades. Hoje em dia, a marca se refere mais à diretoria geral do que à diretoria de *marketing*.
- *A cultura internacional das companhias de consultoria*, que lhes permite mobilizar consultores pelo mundo inteiro para fornecer nos prazos mais curtos aquilo que elas sabem fazer melhor: ilustrar com exemplos o que os outros já fizeram. Essa apresentação das melhores práticas interessa sempre às diretorias gerais, pois mostra que aquilo que muitos julgam impossível para as suas empresas já foi feito por outros há muito tempo, com sucesso.
- *A cultura do número*, para finalizar. Por meio de formação e recrutamento, as empresas de consultoria direcionaram-se para a quantificação. As disciplinas básicas de seus consultores (economia, análise financeira, análise de custos) determinam uma atitude e um *savoir-faire* (saber fazer) direcionados para a quantificação das causas e conseqüências. As contas da Andersen Consulting são relações dos fatos, os únicos aos quais as diretorias gerais são sensíveis.

HIERARQUIZAR AS PRIORIDADES

Além da confiança do poder, devemos reconhecer que a cultura do número tem a vantagem de criar eficiência nas decisões. Trabalhando, por exemplo, em um caso de uma marca a ser rejuvenescida, a primeira etapa é identificar as causas do envelhecimento constatado. A etapa lógica de todo dirigente de marca será proceder a estudos qualitativos interessantes que revelem as múltiplas causas desse enfraquecimento da marca. O problema é que o qualitativo não permite hierarquizá-las. Na verdade, quais são, por ordem, os fatores na origem da baixa de tonelagem nesse período? Qual é o peso relativo da alta do preço relativo no que se refere à diminuição da participação no total gasto em propaganda no mercado em questão ou ao envelhecimento efetivo da clientela? De tanto deixarmos de levantar o problema nesses termos, não sabemos qual é a alavanca principal do efeito constatado. Portanto, não sabemos em que investir primeiro, qual alavanca terá melhor rendimento.

As empresas têm os meios para aproximar quantitativamente a decisão relativa às suas marcas. Ainda é preciso querê-lo e insuflar uma verdadeira revolução de práticas internas. Sob esse ponto de vista, é eficaz demonstrar a factibilidade por meio de uma consultoria externa, trabalhando de acordo com as equipes de *marketing* e o apoio da diretoria geral.

Se o setor publicitário não reage a essa demanda de rendimentos comprovados, deve-se temer a falta de mais atenção aos defensores das outras formas de comunicação, intrinsecamente direcionadas para a medida do rendimento. Sabe-se dizer ao Sr. Riboud, da Danoé [revista do Grupo Danone], o que o investimento rendeu. Sabemos medir o crescimento de número de negócios e de margem trazida pelo *e-business*. O *micromarketing* prova seus resultados com conquista ou fidelização de alvos que são consumidores mais ou menos importantes do produto ou da categoria. Afastamos a idéia de contestar essas formas necessárias de uma verdadeira comunicação, que não poderia se limitar apenas aos contatos publicitários furtivos. Entretanto, no atual entusiasmo do qual elas são alvo, o fator da medida tem um grande peso. Não é revelador que, no início do ano 2000, por ocasião do lançamento da nova marca alimentícia da Procter & Gamble, a Sunny Delight, o *marketing* direto na França tenha representado um orçamento que era o dobro do da televisão?

TRANSPARÊNCIA E EFICIÊNCIA

Atualmente, existe uma contradição entre as informações de *marketing* disponíveis e as realidades da concorrência das marcas. Umas após as outras, as grandes empresas praticam o *co-marketing* para desenvolver suas vendas com as do revendedor, que também tem próprias marcas. Desenvolvem planos de *marketing* por marca, organizam-se por marca de referência, definem cada marca como um mercado. Elas têm, aliás, inúmeras razões para isso. Pelo seu tamanho, os revendedores pesam mais que os países e não possuem todos os mesmos objetivos, a mesma estratégia: suas marcas de referência não têm o mesmo peso diante dos consumidores. Daí a necessidade desse *co-marketing* entre marca de fabricante e marca de referência. As pesquisas mais recentes, enfim, conduzidas pela IRI-Sécodip sobre 30 categorias de produtos em 400 super e hipermercados durante 52 semanas mostraram que o "privilégio" de cada marca varia de uma marca de referência a outra. Por privilégio de marca, entendemos a fração de participação de mercado não explicada pelos fatores de oferta presentes na prateleira. Existe, portanto, uma interação entre a marca e a marca de referência na determinação do desempenho de cada marca.

Pelo fato de as estatísticas não serem dadas aos dirigentes das marcas de referência, o gerenciamento da marca não poderá ter a eficiência necessária. Contudo, o que acontece algumas marcas de referência que praticam a abertura da informação deveria se generalizar. Futuramente, deveremos dispor da informação por loja. A busca da eficiência, para os revendedores e produtores, tem este preço. Isto permitirá, por exemplo, conhecer a participação dos produtos Danone ou Nestlé na conta global, e avaliar, entre outros os efeitos induzidos nessa conta de uma venda em promoção desta ou daquela grande marca.

ECR E O GERENCIAMENTO DE MARCAS

No começo do ano 2000, não havia uma empresa de grande consumo que não estivesse engajada em um processo de ECR com os seus principais clientes revendedores: mesmo setores como o hortifrutigranjeiro ou o de carnes entraram. O ECR ou *efficient consumer response* é uma cooperação essencial entre o fornecedor e o distribuidor para aumentar o valor dos produtos e serviços que oferecem aos consumidores. Em geral, o ECR começa pela colaboração no nível de todos os sistemas de *back office* e logística: a obsessão é diminuir todos os custos que não criam valor para o consumidor final. Depois vem a fase de crescimento do valor da categoria para os consumidores e o revendedor: é o que chamamos de *category management*. O objetivo principal é a fidelização dos grandes clientes do revendedor e da marca, em conjunto, se possível.

É por isso que, na administração moderna da marca, o conhecimento do perfil de seus grandes compradores é fundamental. É necessário, de fato, perguntar se esse perfil é o mesmo dos grandes clientes da marca de referência. Se for o caso, haverá uma forte convergência de interesses entre a marca e a marca de referência. Se não, de nada servirá estimular uma marca do portfólio em um revendedor cujo perfil dos grandes clientes a serem fidelizados for divergente demais.

Uma das facetas mais discutidas do *category management* é a própria definição da categoria e a escolha, pelo revendedor, do fornecedor que será seu conselheiro privilegiado para a categoria. Esta, por sua vez, não é, efetivamente definida pelos produtos físicos tradicionais, mas pelas unidades de necessidade. Tomando, por exemplo, a categoria bebidas, em vez de segmentá-la por produto (as colas, os outros refrigerantes, as águas minerais etc.), o organizamos por finalidade, momento ou uso. Essa segmentação determina a nova organização das próprias prateleiras. Assim, os super ou hipermercados britânicos dispõem agora de um espaço e de um refrigerador dedicado ao café da manhã, separado da unidade de necessidade dedicada à refrigeração, ou do espaço da saúde, por exemplo. Algumas empresas souberam adaptar as suas marcas, mas sobretudo os produtos ou formatos de suas marcas a essa nova disposição para aumentar a sua eficiência.

De fato, a conseqüência mais radical do *category management* é freqüentemente a multilocalização. Assim, vamos encontrar Coca-Cola gelada em garrafinhas no refrigerador dedicado ao café da manhã, ao lado dos sanduíches frescos. Vamos encontrá-la na prateleira dos produtos para a saúde, sob a forma de Coca Light. Ela também estará ao lado da prateleira das pizzas etc. Desse modo, multiplicamos os pontos de contato com a marca e a probabilidade de compra por meio desses formatos de produtos diferenciados. A Coca-Cola reduz, dessa maneira, o consumo de águas minerais naturais, que, por seu formato único dominante (o pacote de seis garrafas de um litro ou um litro e meio) se vêem relegadas a um lugar único, no fundo da loja, local de fácil acesso aos carrinhos de manutenção dos produtos pesados.

A EFICIÊNCIA PELA RELAÇÃO AO PAÍS

Aparentemente, os países não têm mais a cota. Em todos os lugares, as multinacionais se estruturam por insígnia e por categoria, a serviço de seus portfólios aperfeiçoados de marcas exclusivamente globais. No entanto, para ver mais de perto, mesmo os mais ardentes defensores da globalização conservam equipes dedicadas por países. A eficiência o exige. De fato, as multinacionais compreenderam que poderiam criar uma relação mais forte com os clientes, por meio de um melhor conhecimento destes e da adaptação dos meios nacionais. De um país a outro, uma sintonia refinada entre os meios a serem adaptados permite otimizar as estratégias. Por exemplo, para lançar as batatas Pringles na Itália, as equipes locais da P&G escolheram distribuí-las também em redes consideradas alternativas (as lojinhas de rua ou as lojas de conveniência), a fim de adquirir muito rapidamente uma visibilidade forte. Elas também utilizaram celebridades locais para fazer da Pringles um ícone americano que desembarcava diretamente dos EUA (o que certamente não teria acontecido na França). Assim, a Pringles tornou-se uma marca emblemática na Itália.

Implicitamente, existe por trás dessa abordagem o reconhecimento da importância fundamental da adaptação no sucesso do lançamento de uma marca. O *underground marketing* está apenas começando: já era tempo de tomar consciência do boca a boca na divulgação dos novos produtos e marcas.

8

O que significa consumo corrente

Todo diretor de *marketing* deveria assinar a revista americana Fast Company, cuja idéia central é introduzir mais reatividade nas empresas como chave de sua competitividade. A Internet desempenha um papel de primeiro plano nisso, no sentido de moldar, por meio de seu uso sistemático, novas expectativas em relação às marcas. Um *site* é, em essência, uma matéria viva: nada deve se fixar demais a ele. A matéria deve renovar-se constantemente para justificar a sua visita repetida e não dar a impressão de que nada se passa de muito novo em torno da marca ou de sua parte.

Rede ou não rede, a idéia de velocidade deve agora ser o centro da administração da marca. Na qualidade de organismo vivo, ela deve enviar constantemente sinais que traduzam a sua energia, a sua adaptabilidade inata para um mundo em permanente evolução, o seu sentido de reatividade.

OS BENS DE CONSUMO DE MASSA (FMCG)

Em *marketing*, a comparação do inglês com o francês revela uma diferença terminológica interessante. O que chamamos de *biens de grande consommation* (bens de consumo de massa) é chamado, em inglês, de *fast moving consumer goods*. A noção de velocidade presente no inglês está ausente no francês, em prol da idéia de massificação. É hora de voltar à realidade. De um lado, com a fragmentação dos mercados e a sofisticação dos consumidores, será que ainda podemos falar em "massa"? Por outro lado, deve-se constatar, em todos os setores, uma aceleração das inovações. É por meio da inovação que a marca demonstra a sua pertinência, justifica o *price-premium* e afirma seu *status* de referência. No mercado de cosméticos ou de moda, por exemplo, se afastarmos, por um momento, os clientes mais velhos que compram a vida toda o mesmo produto de maneira quase religiosa, a fidelidade não existe mais. Ela é reconquistada pela inovação. A marca certamente desfruta de um *goodwill*, de uma nota de simpatia e estima. Porém, da imagem à compra, há um passo. É preciso seduzir novamente o consumidor com uma oferta constantemente renovada, pois a pertinência tem esse preço. O que faz com que a Bourjois seja comprada nos supermercados? É uma associação à marca? Não. É a sua oferta muito atual, propondo tatuagens divertidas às garotas de hoje, são também novas cores para os pós, os batons, o todo no universo da marca. A inovação é o oxigênio da marca. Ela permite à marca colocar o produto no cerne de seu discurso. Como explicar de outra forma o sucesso da DIM? Os homens certamente vêem em cada uma de suas propagandas um hino à beleza. As mulheres vêem, além disso, os novos produtos que acompanham a evolução da vida diária. Não existe propaganda da DIM que não trate, na verdade, de um produto só. É o todo mais uma vez na atmosfera única da DIM.

A primeira etapa da nova equipe a serviço da Brandt é recolocar a inovação no núcleo do reator, inovação essa que não era mais motivo de preocupações nesses últimos anos. Certamente, a Brandt é apreciada na França, mas, na prateleira, o produto deve seduzir, demonstrar a sua pertinência, revelar a idéia criativa que fará pensar que "é bem visto".

Uma marca como a Lafuma também visa sair do esquema tradicional da produção bienal para lançar muito mais produtos-evento, ligados à atualidade, tudo o que estabelece uma marca na vida.

Devemos acrescentar que, em alguns setores, as marcas de distribuidor não ficam devendo no que diz respeito à inovação. Na Grã-Bretanha, elas lançam mais produtos novos que as marcas de fabricante. Certamente, é necessário analisar o que a expressão "produto novo" abrange em cada caso (uma simples variedade a mais, uma extensão de linha ou verdadeira inovação). A mensagem, porém, é clara. As marcas de distribuidor que querem se tornar verdadeiras marcas entenderam a importância do fluxo de inovações. Além disso, por serem subcontratadas e não terem custo de referenciamento (de qualquer modo sem saída de caixa) nem de publicidade, é fácil para elas multiplicar as inovações nas prateleiras. O custo do fracasso é pouco e a sua probabilidade, reduzida, se a referida inovação se inspirar no sucesso dos novos produtos das marcas de fabricante. Mais uma razão para ser um alvo constantemente mutante.

A ACELERAÇÃO DAS TECNOLOGIAS

Há, no mínimo, um fator que transforma a velocidade em fator-chave de sucesso: a tecnologia. Esta não pára de tornar possíveis hoje inovações impensáveis ontem. O que há de novo é que os termos "hoje" e "ontem" devem ser agora tomados de forma literal e não como força de expressão. O caso da telefonia móvel ilustra uma categoria em que cada dia revela a possibilidade de uma funcionalidade nova. No início do ano 2000, podemos escutar nossos *e-mails* pela Itinéris, respondê-los de forma vocal. Amanhã, isto é, daqui algumas semanas, poderemos comprar instantaneamente graças ao telefone com leitor de cartão de crédito...

Todos os setores são atingidos pela tecnologia, que facilita as relações entre fornecedor e cliente, acrescenta possibilidades de serviço, facilidades e instantaneidade. No ramo alimentício, ela permite novas combinações, texturas, sabores desconhecidos... sem falar da revolução genética!

A conseqüência disso é que o consumidor talvez não seja a fonte de idéias e impulsão que foi até o presente[1]. De fato, o consumidor não tem imaginação. Ele não pode inventar o carro que não existia, Internet, a fusão televisão-telecomunicação-informática e suas conseqüências radicais dentro dos lares. Administrar a marca obriga, ao menos, a basear no consumidor, mas compartilhar mais das mesmas idéias com o pulso da ciência e da tecnologia, e a saber decodificar seus sinais para transformá-los em idéias, conceitos e inovações.

A importância da tecnologia leva também a reconhecer que, nos mercados, além da marca do revendedor, o principal concorrente agora é o que não vemos chegar, mas que entrará na categoria desejada a partir de uma outra categoria de produto! Assim, o concorrente da Kodak é a Hewlett Packard ou a impressora a laser Epson. Junto aos jovens, o concorrente da bicicleta é o *skate*, o *snowboard* ou o *videogame* Sega, daí o desmoronamento do mercado global da bicicleta após o *boom* do ATB.

O FIM DO MONOLITISMO

A velocidade da evolução também se traduz nos sinais da marca. No início da década de 1990, a Coca-Cola revolucionou os hábitos e costumes, dispensando a sua histórica agência McCann e preferindo, em seu lugar, a criação sem limites e, sobretudo, múltipla de uma *hot shop* criativa. Era o

---

[1] CHRISTENSEN, Clayton. *O dilema da inovação*. São Paulo: Makron Books, 2001.

fim do filme único de longa duração. Para estimular, a marca deve surpreender. Ela só surpreende ao se renovar.

Isso traz conseqüências, sim, à identidade gráfica. O exame das práticas atuais revela que as marcas se distanciam das identidades monolíticas para propor um leque de identidades. Existe, certamente, um ar de família, mas não uma clonagem, repetição idêntica dos mesmos traços. Vejamos a Coca-Cola novamente: eis uma marca de dois nomes, Coke para dizer modernidade e Coca-Cola para lembrar a autenticidade e a herança. A cor por muito tempo única, o vermelho, foi substituída por uma paleta de cores conforme as versões, os produtos, os benefícios aos consumidores. A constelação Coca-Cola está agora mais aberta, mais acolhedora.

Em todos os lugares, nos grandes escritórios de *design*, quebram-se as regras sacrossantas da identidade monolítica. As marcas multiplicam versões de seus logotipos, de seus símbolos, e a forma de aplicá-los. Que tal imaginar um *site* com a repetição idêntica do logotipo da marca, sem se importar com os alvos, as páginas e os usuários? Hoje em dia, é significativo que a marca Nestlé não tenha mais o mesmo logotipo entre uma categoria de necessidade e outra. Nos refrigerados, ela retomou o da Chambourcy, ao passo que possui um outro para os chocolates, os cereais etc. Mesmo a Nivea ou a Vichy variam seus logotipos de marca conforme os universos. Não se comunica à Vichy sobre o Capital Soleil da mesma maneira que sobre um creme hidratante. A variedade é a vida. Permanecer líder é variar antes dos outros.

A MARCA COMO SISTEMA VIVO

Assim, no plano visual, saímos também da regra da repetição absoluta do mesmo sinal. O que conta é a coerência do conjunto daquilo que convém chamar de sistema da marca[2]. Variação não significa incoerência. Atualmente, primam a inteligência geral, a convergência do estilo mais do que a sua repetição. O importante é que a marca gere imagens convergentes que criem um universo comum no plano substancial. Marcas como a Calvin Klein prefiguram este movimento.

Sob o ponto de vista da repetição, qual é efetivamente a semelhança entre Obsession, sulfuroso, e Eternity, idealizante? É a Calvin Klein, que não se resume nem ao sulfuroso nem ao idealizante, mas que sabe evoluir

---

[2] SICARD, Marie-Claude. *La métamorphose des marques*. Paris: Éditions d'Organisation, 1998.

com o tempo. A associação a essas manifestações tão desiguais é a marca. A Calvin Klein apresenta de forma espetacular as emoções entre pessoas: sendo estas múltiplas, a marca ganha em pontos de entrada. Os modelos múltiplos do Allure da Chanel são da mesma competência.

O próprio McDonald's é um sistema de sinais, de várias entradas, desde Ronald McDonald até arcos dourados, passando pelo Big Mac.

RAPIDEZ E GLOBALIZAÇÃO

Uma das incidências da globalização dos revendedores diz respeito à velocidade dos lançamentos de novos produtos. Hoje em dia, uma empresa global no setor dos bens de grande consumo faz 25% de seus negócios com 20 clientes no mundo. Futuramente, serão 35%. Na esteira desses clientes, será possível imaginar lançamentos planetários bem mais rápidos que os de hoje na abordagem por país ou zona geográfica. Tanto é que algumas categorias de produtos são, na verdade, muito sensíveis ao *marketing* direto. Ainda assim, atualmente, são muitos os lançamentos de novos produtos em que, ao contrário das idéias recebidas, os investimentos em *marketing* direto (a partir, por exemplo, de megabases de dados ou de tipos geográficos) são superiores às próprias despesas de mídia.

9

O desafio da Internet

As marcas certamente são as primeiras envolvidas pela Internet. Umas após as outras, elas tomam consciência da importância do fenômeno e do seu caráter estratégico, no sentido de que ele pode pôr em jogo o futuro da marca, se esta não reagir com a rapidez e a pertinência necessárias. Afinal de contas, as marcas tiveram a sua expansão graças ao hipermercado, e é também este que agora as elimina. Poderia acontecer o mesmo com a Internet. Este canal de difusão, comunicação e troca, de um gênero inédito, apresenta oportunidades fantásticas, mas também desafios para as marcas.

A *MEGASTORE* VIRTUAL

Todas as marcas sonham em controlar seus circuitos de distribuição. Entretanto, a liberalização dos mercados na Europa restringe os casos em que isso ainda será possível. Mesmo a indústria automobilística deverá adaptar-se a um mundo "sem concessões"[1]. Basicamente, um *site* de Internet é uma *megastore*. Todos se gabam das vantagens das marcas verticais do tipo Gap ou Zara, que dominam suas imagens e seus discursos nas próprias lojas, ou da iniciativa da Nike Town. A Web permite a cada marca ter finalmente a sua *megastore*, aberta dia e noite, o ano todo, nos planos mundial e local. É certo que nem todas as marcas têm as mesmas perspectivas de crescimento de número de negócios via comércio eletrônico: isso pode interessar mais a um produtor de vinhos finos ou de *foie gras*, ou de computadores, ou a uma companhia de investimentos, menos à Danone ou à Yoplait. Todavia, estas duas marcas enfrentam o risco da banalização: o

---

[1] KNIEBIHLER, Maurice & GIAOUI, Franck. *L'automobile sans concession*. Paris: Éditions d'Organisation, 1998.

que fazer para ser mais que um produto? Como fazer viver seus valores? O caminho perfeito é o da relação, da cumplicidade e do serviço. Devemos lembrar que uma *megastore* é, acima de tudo, um lugar onde nos sentimos bem, estamos em comunhão com os valores da marca, a troca é aceita. Somente alguns revendedores conseguiram fazer de seus pontos de venda lugares de vida e de trocas, de expressão recíproca, independentemente de qualquer venda: a Fnac, a Virgin e a Decathlon. A Internet fornece a oportunidade de aumentar em 10 vezes a informação oferecida, suprimindo os obstáculos de lugar e tempo.

É revelador que, para lançar a sua filial da Sephora nos EUA, o grupo LVMH tenha inaugurado no dia 14 de outubro de 1999 uma *megastore* de 2.000 m² em pleno coração do Rockfeller Center, em Nova York, e ao mesmo tempo a *cyber butique* Sephora.com, maximizando as sinergias entre os dois canais de distribuição.

EVITE A RECUSA DE SERVIÇO

A relação com a marca não é platônica. O consumidor espera passar ao ato. Aliás, é preciso encorajá-lo. Fazer com que o consumidor evite se deslocar, ir à loja, e acompanhá-lo de maneira interativa em sua escolha, até o fechamento do pedido – e sobretudo depois – são verdadeiras criações de valores. O primeiro valor agregado na Internet é a informação. Porém, para que se informar bem se não for para permitir a transformação do desejo em compra, e passar, pois, à transação?

Hoje em dia, por ser uma novidade, os fabricantes estão empenhados em conflitos de canais de distribuição: não vender diretamente para não ferir os revendedores ou as concessionárias, o grande varejo ou as suas próprias lojas. Isso foi visto, em novembro de 1999, no anúncio feito pela Levi's sobre a interrupção das vendas diretas via Internet. Existem também problemas jurídicos em potencial, pois cada marca quer reservar para si a exclusividade da venda na rede.

A outra razão alegada para frear a criação de um grande *site* de comércio eletrônico é que a interface com a informática é difícil. Sob o ponto de vista do consumidor, porém, esses motivos não contam: trata-se de uma recusa de serviço. No momento em que este livro foi terminado, em janeiro de 2000, não era possível comprar instantaneamente na rede uma diária no Club Méditérranée! Quando se sabe que se trata de uma marca mundial que vende a clientes do mundo inteiro, EUA ou Japão, só podemos ficar surpresos. Ainda no início de 2000, na França, nenhuma montadora automobilística vendia seus carros na rede: na mesma época, nos EUA, 7% dos carros novos eram comprados via Internet. E 40% dos americanos visitam o *site* das montadoras antes de comprar um carro.

De qualquer forma, o movimento é inevitável: em setembro de 1999, a Nike já anunciava que venderia diretamente na Internet. Para o revendedor, há certamente o risco de canibalização do volume de negócios da loja e, portanto, um verdadeiro problema de rentabilidade; a prazo, de imobilizações e estoques, se uma parte crescente dos clientes não se deslocar mais aos hipermercados e aos centros comerciais, mas preferir perambular, conforme a sua vontade, em lojas virtuais. Richard Branson, presidente da Virgin, resumiu bem, contudo, o caráter obrigatório da etapa para toda empresa, apesar da perspectiva de canibalização, dizendo que, já que corria o risco de ter o pé cortado, preferiria que ele próprio o fizesse.

No que se refere à Internet, podemos falar de desafio do serviço. Mesmo sem falar de comércio eletrônico, de uma forma geral a Internet obriga todas as marcas a se transformarem em marcas de serviço. No mundo real, graças à sua espontânea notoriedade, a marca emerge a todo momento na mente do consumidor, e isso a um custo aparentemente nulo para esse consumidor. No mundo virtual, a notoriedade não é suficiente: deve-se ter um bom motivo para visitar um *site* e para visitá-lo novamente. Daí a importância do valor de uso desse *site*.

Isso pode ser feito ao se dar informações, conselhos a respeito do produto. Uma marca de xampu deveria indicar quais são as últimas tendências em matéria de cabelos para estar na moda, até dar conselhos bem personalizados. Um outro exemplo: uma marca alimentícia deveria fornecer sugestões para o jantar e uma infinidade de receitas bem explicadas e ilustradas em vídeo. É o que a Unilever faz nos EUA com uma de suas marcas: os estudos mostraram que 11% das pessoas que consultaram essas receitas foram, em seguida, comprar o produto na loja para utilizá-lo na receita em questão. O serviço pode também implicar uma informação sobre atividades eventualmente desconectadas do produto, mas que fazem sentido em relação à imagem da marca. Assim, uma marca de perfume para jovens pode informar sobre datas de *shows* de *rock* ou sobre partidas de um esporte, se isso fizer parte de seu território de imagem.

Não há limites no serviço que se pode ou deve levar aos consumidores: a Internet está aí para simplificar ao máximo a sua vida.

Cada mídia tem, entretanto, suas regras, e a Internet tem também as suas. O *marketing* de marca tradicional baseia-se na interrupção sistemática da vida real dos consumidores por meio de *spots* publicitários televisionados, concebidos para o conjunto do mercado. Na Internet, ocorre exatamente o inverso: a pessoa se conecta voluntariamente, espera uma informação progressiva, atualizada regularmente e sob medida. Ela não se conecta para ser interrompida por uma propaganda. Ela tolera, no máximo, um sinal que lhe dê a possibilidade de clicar duas vezes e, com esse gesto, permite a marca lhe dizer mais[2]. Isso leva a quatro exigências em termos de serviço.

O primeiro serviço a ser prestado é não fazer o internauta perder tempo. Afinal de contas, se ele navega pela rede mais do que perambula pelas lojas, é porque valoriza o seu tempo. A "lei de bronze" do serviço na Internet é que tudo aquilo que é previsto nela deve ser fácil. Essa espera trivial, no entanto, decepciona constantemente. Por exemplo, o diálogo é lento demais ou as arborescências são pensadas mais em função da organização interna da empresa (geralmente fracionada) que das preocupações do cliente.

O segundo serviço é reconhecer as diferenças entre os internautas, a fim de orientá-los rapidamente para o nível e o tipo de informação correspondentes às suas expectativas específicas. Contudo, essa exigência básica está longe de ser satisfeita em inúmeros *sites* que são mais folhetos estagnados na rede do que locais de serviço. Por exemplo, quantos deles devem se lembrar da última reclamação feita por um internauta e de terem integrado a informação?

O terceiro serviço é encarar o site *como uma loja aberta dia e noite*, não para vender, mas para o pós-venda, ou seja, na realidade, a base da satisfação e da fidelização. É sempre depois da compra que os problemas começam para o cliente. Com a falha dos suportes por telefone (em geral, estão sempre ocupados), é normal prever todas as configurações de fracasso na utilização do produto da marca e, por meio de um sistema especializado, torná-los acessíveis no *site* para ajudar o cliente a resolver facilmente o problema. Por exemplo, um *site* de companhia aérea deveria fornecer a todo momento a situação de cada vôo em curso, seu horário de chegada previsto, a temperatura em solo, o clima esperado no local etc. O *site* torna-se parte do serviço ao cliente, uma ferramenta de trabalho deste[3,4].

O quarto serviço é permitir que os consumidores conversem livremente com outros sobre temas de interesse comum, que teçam redes de afinidades,

---

[2] GODIN, Seth. *Marketing de permissão.* Rio de Janeiro: Ed. Campus, 2000.
[3] SEYBOLD, Patricia. *Clientes.com.* São Paulo: Makron Books, 2000.
[4] RECHENMANN, Jean-Jacques. *L'Internet et le Marketing.* Paris: Éditions d'Organisation, 1999.

envolvimento e boca a boca. Sendo lugar de liberdade e de troca, a Internet permite à marca fazer com que o envolvimento resultante das comunidades virtuais trabalhe em seu proveito. A marca certamente deve criar a sua comunidade, mas também reconhecer o desejo de liberdade desta. Daí a importância desses centros de interesses e valores que reúnem os clientes em torno da marca.

O DESAFIO DA TRANSPARÊNCIA

Se quisermos ser otimistas, podemos criar a hipótese de que, à medida que a realidade se torna virtual, as marcas se tornam, as únicas referências, com a confiança associada aos seus nomes em um espaço que se tornou impalpável, intangível. Aliás, os fatos parecem dar razão a esta hipótese: atualmente, os *sites* mais visitados são os das marcas mais conhecidas, mais adoradas ou com maior reputação. Todavia, essas tendem a ser as marcas nascidas na e para a Web: Yahoo, Amazon etc., e não necessariamente como as entendemos tradicionalmente.

Sabemos que o sucesso das marcas no mercado se baseou, em parte, no excesso de escolhas, portanto, na dificuldade da escolha para o consumidor diante de uma prateleira *self-service*. A marca nasceu da economia da informação imperfeita. Quem detém o saber, detém o poder. No *marketing* tradicional, o saber estava concentrado e conservado, prioritariamente, junto aos fabricantes e revendedores especializados ou especialistas-influenciadores. De fato, até hoje, tomando como exemplo a microinformática, o consumidor não podia passar razoável parte de seu tempo examinando todos os PCs de todas as marcas para compará-los antes de escolher um. Ele teria de se lançar num safári sem fim. De uma certa maneira, era-lhe impossível ser racional, mesmo que o desejasse. Esse raciocínio também vale para a escolha de um seguro ou de uma loção demaquilante. A marca, destacando-se na mente por sua notoriedade, próxima, com imagem valorizante e tranqüilizante, permite escolher mais rapidamente com um alto índice de satisfação. De qualquer forma, a imagem da marca tem como objetivo torná-la insubstituível, desenvolvendo a idéia de que ela tem um caráter especial, inimitável, uma aura de exclusividade. Sem ter conhecido as alternativas, nem as tendo consultado, o comprador não pode sentir arrependimentos. A marca capitaliza, portanto, sobre a opacidade do mercado e sobre o custo de acesso à informação (até então, essa era ou impossível de achar, indigesta, ou parcial).

A chegada da Internet modificará essa alavanca de poder da marca em prol dos clientes. Essa mídia facilita o acesso à informação e cria uma certa transparência de oferta, preços, margens. É certo que, à primeira vista, existem ainda mais escolhas na Internet. Mas isso deveria levar precisamente ao surgimento de novos atores, criadores de transparência e portadores de valor agregado: o que se chama de "infomediários" ou portais, cuja tarefa será levar aos clientes a busca, a comparação entre todas as ofertas e, eventualmente, a seleção conforme um jogo de critérios que eles fornecerão. Com isso, a exemplo dos quadros comparativos realizados pelas associações de consumidores que revelam que marca grande nem sempre quer dizer melhor qualidade (pasme!), esses infomediários poderão propor os produtos de fornecedores menos conhecidos, mas cujos desempenhos merecem exame. Nisso, eles reduzirão as barreiras da entrada no mercado, favorecendo, se não forem marcas desconhecidas, as marcas um pouco menos conhecidas em notoriedade espontânea. Assim, esses infomediários ampliarão consideravelmente o conjunto abordado dos fornecedores ou marcas que se costuma consultar (até então três). Eles poderiam, enfim, revelar que uma marca conhecida não tem, na verdade, bons desempenhos em atributos importantes para o consumidor – e, dessa maneira, alterar a sua imagem. Como se vê, esse complemento de transparência criará para a marca uma obrigação adicional de desempenho sobre as suas qualidades funcionais e os seus serviços objetivos. Ela não poderá se basear em sua notoriedade ou sua imagem valorizante para compensar deficiências nesses pontos. Nem todo mundo é um Jaguar.

Ao mesmo tempo, quanto mais comparada, analisada e reduzida a funções objetivas, mais incomparável a marca deve se tornar, pelo desenvolvimento de valores imateriais que criam essa cumplicidade que nenhum quadro comparativo pode captar. Quem já viu um quadro comparativo sobre refrigerantes de cola?

Os infomediários serão, pois, ou agentes de busca da informação pertinente, de pré-seleção, ou mesmo agentes de escolha delegada, uma vez conhecidos nossas motivações e critérios de escolha. De fato, os infomediários servem para dar conselho sobre tudo: tudo depende da confiança que tivermos no conselheiro.

A priori, quem pode aspirar à credibilidade suficiente para ser um infomediário de referência? Quem pode criar um *site*/portal que se torne um verdadeiro centro de conselho e de compra? A distribuição especializada? Assim, o objetivo declarado da Sephora.com é tornar-se a referência da beleza na Internet nos EUA. A ausência de marcas de distribuidor faz da

Sephora um interlocutor ainda mais neutro e especializado. O Carrefour poderia se tornar um infomediário? E a Decathlon? Quando conhecemos o desejo de impor a marca de distribuidor nessas duas bandeiras, podemos duvidar da neutralidade necessária para estabelecer uma relação de confiança. Basicamente, não há certeza de que a distribuição possa desempenhar o papel crucial de infomediário. Será ela a mais bem colocada para deter e avaliar a informação? Além disso, mesmo que ela esteja presente na rede, a distribução se defrontará com um conflito de lógica: por exemplo, a Fnac pode, a longo prazo, construir uma logística para preencher as prateleiras de suas lojas e, ao mesmo tempo, desenvolver um processo livre de estoque para vender livros na Internet. Quanto mais compramos na Internet, menos queremos ir aos pontos de venda tradicionais.

As mídias especializadas podem desenvolver uma legitimidade e uma competência de infomediários: considerando o sucesso da Auto Plus Magazine, essa teria a capacidade de desempenhar esse papel. A condição é que o público tenha o sentimento de que as opiniões não sejam influenciadas por considerações de venda de espaço publicitário. Porém, a opinião de um jornalista vale o mesmo que a de um engenheiro da Peugeot? Enfim, as ferramentas de busca como o Yahoo fizeram para si um nome e uma credibilidade: deveriam utilizar ambos como infomediário com valor agregado. Outros portais nascerão na Internet, como a "preçomania.com".

O DESAFIO DA COMPETÊNCIA

Entre a Sephora e a Chanel, quem tem mais competência para falar de cosmética, produtos de beleza, com as consumidoras? Normalmente, sem qualquer arrogância ou julgamento *a priori*, a competência da necessidade deveria ser o privilégio da marca. Ela domina sozinha a informação associada à profundidade da oferta e a distribuição domina mais a amplitude da marca. O *site* na Internet é o momento para redemonstrar constantemente, diante de consumidores cada vez mais bem-informados, aquilo que nem sempre é possível em uma prateleira ou loja.

A consumidora, porém, não está unicamente à procura de informação e eficácia no processo de decisão: ela também procura uma experiência polissensorial forte. A marca pode acrescentar sozinha esse toque de *glamour*, gentileza e profusão. As capacidades técnicas em constante evolução permitem tranformar os *sites* de meros pontos de informação ou de compra, em ponto de reforço dos vínculos, de estabelecimento de uma relação privilegiada baseada na ilusão *one-to-one*, verdadeira relação personalizada entre, por exemplo, Chanel ou Lancôme e a consumidora de Nova York, Estocolmo ou Paris. Cada *site* é o momento de uma experiência sensual.

Pelo menos teoricamente. Ainda é preciso que o *site* tenha sido concebido como um verdadeiro lugar de vida, de troca, e não como uma simples vitrine. Quem fala em lugar de vida quer dizer animação, riqueza de conteúdo, cor, ergonomia, grande facilidade de navegação, fóruns de troca de opiniões, interatividade que permita personalizar excessivamente a comunicação, aptidão para integrar, todos os dias, novas informações, novas imagens.

Poucos *sites* examinados até o momento satisfazem esses critérios: alguns levam um minuto para baixar belas imagens, mas o conjunto é estanque e pouco interativo; outros expõem os produtos, mas não os diferenciam conforme os interlocutores. Na Internet, quando um site decepciona, ele é catalogado e o internauta não retorna mais lá. Imaginem se não fossem tomadas as precauções finais na inauguração de uma loja emblemática na Quinta Avenida! O mesmo acontece com o *site*. O problema é que, como a qualidade ainda é comparativa e as exigências são modeladas pelo progresso técnico no mercado, é necessário agir com constante melhoria. É preciso ainda que, na sua própria concepção, o *site* tenha um potencial evolutivo.

O DESAFIO DA MATÉRIA VIVA

Antes de fazer um *site* e estar presente na Internet, é bom relembrar alguns princípios básicos de funcionamento dessa rede. A Internet é, antes de mais nada, um espaço de interatividade, evolução (pelas suas possibilidades de atualização) e criatividade (desenho, concepção, imagem etc.). Muito mais do que se poderia encontrar na telemática, ou *a fortiori* nas mídias tradicionais, naturalmente paradas no espaço e no tempo, a "matéria" que compõe a rede é uma "matéria viva". Esse conceito salienta o caráter intrinsecamente evolutivo e dinâmico do conteúdo. Estar presente na Web é adaptar-se a uma nova forma de comunicação que nada tem a ver com os universos conhecidos como a expressão escrita, cinematográfica ou televisual. Entrar na Internet é atravessar um limiar tecnológico e compartilhar uma nova cultura de expressão que requer a abstração das referências de comunicação existentes e que se adapte à linguagem dos internautas. Esse tipo de comunicação inverte o processo tradicional da marca baseado na propaganda. Uma das particularidades da Internet é que os internautas entram nela por ser um espaço de liberdade e não para receber uma mensagem pré-fabricada, autocentrada. Isto significa que é necessário ser muito interativo e muito ativo em um servidor. Portanto, é o fim das apresentações estanques: deve-se privilegiar um conteúdo que possa estar em constante evolução. O tom não pode mais ser peremptório, mas, antes, encorajador do diálogo, das sugestões, da participação.

A Web é, enfim, expor-se a um julgamento comparativo em relação aos outros *sites* do mesmo setor ou de um setor diferente. Os níveis de interatividade, evolução e serviço do *site* servem como indicadores da orientação ao cliente inato da marca.

Em um nível mais prosaico, para terminar o assunto da animação, devemos reconhecer que a maioria das marcas e logotipos foram criadas como imagens fixas de duas dimensões. A Internet acrescenta uma terceira dimensão e cria uma obrigação de movimento, de variedade, de vida. Isso balança as regras sacrossantas sobre a intangibilidade da assinatura. Deve-se escrever Renault da mesma forma, não importa a categoria visitada (da mais divertida à mais séria ou corporativa)? Sob esse ponto de vista, as marcas que possuem um personagem de marca desfrutam de uma vantagem: o porta-voz pode ser animado em 3D.

Parte II

OBSERVAÇÕES:
a lógica da marca em questão

Aqui propomos uma focalização nos desvios mais freqüentes do gerenciamento diário das marcas, a partir de exemplos ricos e variados, que permitirão tomar a distância necessária para analisar o modo de administração das marcas nas próprias empresas.

1

Devemos parar de descapitalizar

Já que as marcas são o capital da empresa, a conseqüência direta dessa constatação crucial é que se deve capitalizar todas as ações em torno de seu nome. Essa evidência merece ser repetida novamente sem aborrecer? Sim.

A observação das políticas de marca aplicadas nas empresas revela um paradoxo. Repete-se muito à porfia que as marcas são o capital da empresa; entretanto, devemos constatar que, na prática, não paramos de descapitalizar. Nos quadros ou nos *paperboards* dos escritórios em que a matriz reina do alto, as marcas filhas estão abaixo, portanto, em posição subsidiária. Basta, porém, examinar as próprias embalagens ou propagandas para se ter uma percepção exata da realidade: em geral, a marca filha ocupa um lugar preponderante e a marca dita "mãe" às vezes não tem nem mesmo os mínimos recursos reservados às marcas cauções.

A longo prazo, o suporte de valor é a matriz: é nela que se concentra o valor, o famoso *brand equity*. Os produtos e as marcas filhas têm como objetivo tornar a marca ainda mais atraente, fixando-a na atualidade, nas necessidades modernas, nos segmentos emergentes. Entretanto eles não serão eternos. Assim, na Yoplait, o ciclo de vida dos produtos é extremamente curto: de dois a três anos no máximo.

O REFLEXO DA DESCAPITALIZAÇÃO

Vamos admitir de imediato: a descapitalização é um verdadeiro reflexo. Repreendemo-na com as palavras, mas a praticamos inconscientemente.

No universo da telefonia móvel, as novatas SFR e Bouygues Telecom não pararam de concentrar as suas comunicações nos nomes. Buscando adquirir notoriedade e *status* com a maior rapidez possível, elas evitaram, durante muitos anos, criar marcas filhas, denominando as inovações com a ajuda de descritores simpáticos e claros (como "entrada livre"* por exemplo). Na mesma ocasião, pudemos assistir a uma descapitalização progressiva da France Telecom em prol das marcas filhas autônomas Ola, Loft e Mobicarte. A Itinéris, que era a jóia da telefonia móvel na França, foi relegada ao posto de *marca-selo*, termo honorífico para designar um abafamento, o que acarretou a queda imediata de sua notoriedade. A menção da France Telecom se tornava cada vez mais discreta nas embalagens da Ola, da Loft ou da Mobicarte. A France Telecom era a marca mais conhecida da telefonia de consumo, e não se servir disto é renunciar a uma vantagem competitiva. É por isso que a France Telecom substituiu as suas marcas pela Orange.

Quando a Dim passou para o grupo americano Sara Lee, este introduziu a segmentação – o que é bom – e marcas filhas para qualificar os produtos correspondentes a segmentos de uso: Macadam, Sublim, Diam's, para citar apenas alguns. O exame das propagandas revelava que essas marcas filhas estavam em primeiro lugar, sendo o logotipo da Dim relegado à parte inferior à direita nos cartazes publicitários ou nas páginas de revistas. A descapitalização ainda estava acontecendo.

FALSOS CÁLCULOS

Uma das conseqüências imediatas da descapitalização é a queda da participação no total gasto em propaganda no mercado em questão que os cálculos habituais escondem. Em matéria de pressão publicitária, costuma-se adicionar as despesas da Sublim, Macadam ou Diam's, ou também da Ola, Loft, Mobicarte para estabelecer a participação global no total gasto em propaganda da Dim ou da France Telecom. Esse cálculo é, na realidade, inválido. Certamente, em um plano contável, essas somas provêm da empresa. Todavia, para o consumidor que atribui essas marcas-filhas cada vez menos à marca-mãe, a qual se torna cada vez mais discreta na comunicação, essas falas são distintas e não constroem uma marca comum forte ou reforçada nas dimensões de modernidade, de atualidade. Não podemos, portanto, adicioná-los. Isso *de facto* volta a criar um desequilíbrio de parti-

*N. de T.: Plano da SFR que não requer assinatura.

cipação no total gasto em propaganda entre os orçamentos da SFR e da Bouygues Telecom, de um lado, e, de outro, aqueles menores, tomados isoladamente, da Ola, Loft e Mobicarte.

POR QUE ESSE DESGOVERNO SISTEMÁTICO?

Como explicar essas descapitalizações sistemáticas? Um psicanalista poderia diagnosticar o que o termo *marca-mãe* está sofrendo: ela se emancipa rompendo o cordão umbilical da marca-mãe, tomando, pois, as suas distâncias. Um outro motivo provavelmente também se deve à ausência de preocupação em manter o poder da marca-mãe. Dentro das empresas, ela é tão familiar que praticamente faz parte das paredes, da decoração. A energia se concentra na inovação, no que é louvável, mas sem a preocupação de alimentar a marca-mãe constantemente, pois dela depende o edifício todo. Sendo a inovação um "recurso" vital para a marca-mãe, ainda falta organizar as pontes de imagem e comunicação entre as duas.

Uma outra causa se deve à subestimação do poder da marca-mãe e do respeito que ela produz fora da empresa. Quando a marca e a empresa carregam o mesmo nome, no seio das equipes internas, as reclamações feitas a respeito do funcionamento da empresa, das suas lentidões, suas inércias, recaem sobre a atitude dos funcionários perante o nome da empresa. Desse modo, projetamos mal as queixas de *back office* sobre a marca, que representa, para os clientes, o *front office* da empresa. Esse mal espreita muitas grandes empresas em mutação interna. Às vezes, é quando há acidentes que se permite apreciar a potência da marca, supondo que teríamos esquecido dela. Em 1997, a Fleury Michon, líder da comida pronta de qualidade, tentou segmentar a sua oferta ao destacar melhor a sua linha de presuntos superiores, utilizando o nome "Les Fleurons". Dessa maneira, foi reduzido um pouco o tamanho do quadro sobre as embalagens no qual estava escrito Fleury Michon, a fim de fazer o selo "Les Fleurons" aparecer melhor. O resultado foi imediato: as vendas caíram. A diminuição, ainda que leve, do impacto visual da marca a fez perder clientes e vendas.

Um fator cultural também explica o reflexo da descapitalização. Em muitas organizações, as pessoas se identificam mais com a sua divisão, ramo ou departamento do que com a própria instituição. Os pesquisadores da France Telecom dizem, a respeito de si mesmos, que trabalham na CNET. Os jovens vendedores demitidos das grandes empresas de *marketing* pela France Telecom Mobiles se identificavam tanto com o seu combate para penetrar no grande varejo que se sentiam mais FTM (M de Mobiles) do que

France Telecom, instituição longínqua para eles, mergulhados na concorrência total sobre as rotas dos hipermercados e dos grandes supermercados especializados.

O DURO DESPERTAR DA CONCORRÊNCIA

Em geral, é a concorrência que faz tomar consciência da descapitalização progressiva. Assim, diante da Nivea, que pratica há pouco tempo uma política sistemática de extensão de marca no mundo inteiro em torno de seu único nome, autorizando apenas marcas filhas praticamente descritivas (Nivea Visage, Nivea Beauté etc.), a L'Oréal sentiu os limites de sua discrição. De fato, os holofotes estavam, até então, concentrados nas marcas como Plénitude, Elsève, Imédia, Studio Line etc., agindo de forma totalmente independente. Onde estava a marca L'Oréal nesse conjunto? Em lugar algum, relegada ao nível institucional.

Diante da Nivea, que inovava, o que a L'Oréal fazia? É evidente que o Plénitude inova, assim como a Imédia ou o Elsève, mas tudo o que divide a inovação reduz o impacto. Era hora de restituir o valor agregado de onde ela vinha: da L'Oréal Paris. Agora, nas propagandas, está bem declarado "A L'Oréal inova" quando há uma extensão por parte do Plénitude ou de uma outra marca filha. A hierarquia finalmente foi restabelecida nas propagandas, nas embalagens e, provavelmente, também interior das equipes.

A forma como a L'Oréal Paris recapitalizou na publicidade é interessante. É a marca que anuncia e fala do novo produto do Plénitude, da Imédia ou de uma outra. Visualmente, todas as campanhas são homogêneas: existe, na verdade, uma mesma campanha descrita de acordo com os produtos, por meio da variação de *top models*. O nome L'Oréal Paris agora corta os produtos de cima a baixo, com a assinatura única ("Porque você merece"). Sente-se um processo voluntarista de restabelecimento dos valores exatamente onde é estratégico, isto é, na própria megamarca.

A análise de 25 anos de publicidade da Eau Sauvage da Dior também revela uma ruptura a partir de 1989. Depois de 22 anos de publicidade em que o nome Eau Sauvage dominava amplamente nos anúncios, em relação à discreta menção a Christian Dior, a hierarquia foi brutalmente restabelecida: a Christian Dior prima, enfim, sobre um discreto Eau Sauvage. Efetivamente, estava mais do que na hora de recapitalizar. Qual é o suporte do valor a longo prazo? É a Dior. Ora, quanto mais a Dior se retrair nas propagandas, mais retraída parecerá, em relação à atualidade em geral ao mundo moderno, no próprio momento em que novas marcas parecem, desse modo, monopolizar e simbolizar a modernidade junto às novas gerações. O concorrente da Dior junto aos jovens do mundo inteiro não é a Chanel, nem a Guerlain, mas a Calvin Klein! E, mais uma vez, conhecem a Dior?

COMUNICAR DE FORMA TRANSVERSAL

O caso anterior nos lembra que não se constrói uma megamarca com um punhado de marcas filhas. Foi a constatação que a diretoria da Renault também fez: a imagem da marca estava se retraindo em inúmeros pontos em relação aos seus concorrentes europeus, como a Volkswagen, por exemplo. A imagem tem um impacto forte nos descontos para os compradores: um cliente potencial da Volkswagen negocia menos a taxa de desconto. A imagem também tem uma influência sobre o posicionamento dos modelos em termos de preços.

O paradoxo é que os modelos da Renault têm uma imagem melhor do que a própria marca: gozam de sucessos espetaculares em termos de vendas. Portanto, uma ausência relativa de sustentação da marca-mãe pelas marcas filhas, com destaque exclusivo para a publicidade (exceto na Fórmula 1) de divulgação dos modelos, não permite, na realidade, capitalizar rápido o bastante e empobrece a marca em relação aos seus concorrentes. A lógica da capitalização requer orçamentos e ações transversais de grande porte, o que terá conseqüências em termos de organização da comunicação e funcionamento na empresa.

CAPITALIZAR TAMBÉM SOBRE OS PRODUTOS

O automóvel apresenta outros exemplos de "descapitalização progressiva", mas, desta vez, associada às marcas dos próprios modelos. Por exemplo, todos conhecem o sistema de denominação dos modelos da Peugeot: 106, 206, 306, 406...

O primeiro algarismo se refere a um nível na linha; o terceiro, à geração. Quanto ao 0, corresponde ao antigo lugar reservado para o buraco de entrada da manivela! Seguindo esse sistema lógico e imperturbável, o 206 substitui o mítico 205. Cada nova versão deve conter um algarismo diferente da anterior. Essa lógica numérica oferece uma renovação a cada modelo e estimula o lado inovador da marca Peugeot, uma dimensão que ela deseja conquistar, como toda grande marca. Porém, essa lógica tem também um custo oculto, até então não medido, mas bastante real: ela enterra todos os investimentos em comunicação e imagem feitos sobre o nome da marca do modelo anterior. Depois de terem construído a reputação do "205", tiveram de criar uma nova para o "206" e, portanto, reinvestir em publicidade, mas felizmente sem partir outra vez do zero. Além disso, a partir do momento em que um modelo da linha tem um último algarismo maior que o dos outros, isso dá uma envelhecida ao conjunto destes modelos. Nada impedia de tratar o "205" como se fosse o Chanel Nº 5, ou como a 1664 da Kronenbourg ou, na verdade, como o Golf da Volkswagen. O Golf festeja seus 25 anos e está em sua quinta versão. Há muito tempo, os japoneses deram o exemplo, capitalizando sobre marcas que souberam atravessar o tempo: o Civic da Honda e o Toyota Corolla ainda estão bem vivos. De qualquer maneira, voltando à Peugeot, um dia será necessário parar esse sistema *à la* Sísifo: o que se fará na décima geração? Que número sucederá o 209?

2

Saber se impor

A marca certamente é um ativo imaterial, um intangível, mas – conforme apresentado no Capítulo 4 (na Primeira Parte) –, jamais se deve esquecer a sua base material. Queremos ir mais além, lembrando que, para os consumidores em situação de escolha, a questão hoje não é mais a da qualidade: em demasiados mercados maduros, os concorrentes ainda em competição são todos de qualidade muito boa. Será a Michelin superior à Good Year? Serão os pneus Firestone os de menor qualidade? Serão os complementos de qualidade entre a Continental e a Uniroyal, se é que existem, verdadeiramente proporcionais aos complementos de preço?

Hoje em dia, a marca deve se impor. Isso significa ser a referência do mercado por meio de um elemento muito concreto. É esse elemento que será alvo do boca a boca dos clientes ainda encantados e seduzidos. A imposição não fica, portanto, vaga ou imaterial. Ela deve ser concreta: pode tratar seja de uma faceta do produto, seja de um benefício ao consumidor ou, como acontece cada vez mais nos mercados maduros, impor-se pelo serviço, pela experiência de consumo e pela visão. Hoje, quantas marcas são capazes de dizer muito simplesmente pelo que se impõem? Poucas.

DO CONCRETO AO ABSTRATO

Os estudos sobre a imagem das megamarcas revelam, vamos relembrar, um fato crucial e ainda demasiadamente desconhecido. Entre os produtos aos quais os consumidores associam uma marca, nem todos têm o mesmo peso na formação da imagem dessa megamarca. Alguns parecem carregar a marca, ser o retrato dela, no sentido literal do "portador de traços"*. Esses produtos mais típicos são chamados de "protótipos", não no sentido de primeiro exemplar, mas de melhor exemplo da marca. Esses produtos estão no cerne da percepção da mesma.

O Quadro 1, logo a seguir, ilustra o papel-chave dos produtos protótipos na imagem da marca Danone.

Como mostra o quadro, a distância da imagem entre o produto e a marca cresce à medida que ele se torna menos típico dela. Os protótipos são, na verdade, os produtos da marca cuja distância da imagem com esta (tendo sido medida em uma dezena de itens) está próxima de zero. Como a marca não possui pré-existência a esses produtos, devemos logicamente deduzir que estes deram forma, de fato, à representação coletiva dela.

A noção de protótipo nem sempre remete a um produto da linha: isso pode ser um *savoir faire* ou um conjunto (a profusão de cores para uma marca de cosméticos como a Bourjois) ou uma pessoa, no caso da Virgin. O importante, portanto, é nunca esquecer que, para os consumidores, o concreto está no núcleo da marca. Para cada uma das marcas sobre as quais interrogamos, o consumidor em geral começa por descrevê-la em termos

COMO SE FORMA A IMAGEM DA DANONE?

		Distância entre a imagem deste produto e a imagem da Danone	
Quais são os produtos mais típicos da Danone? (em escala de 1 a 10)	DANETTE....	9,33	1,72
	IOGURTE NATURAL....	9,16	1,97
Produtos menos típicos da marca Danone	FROMAGE BLANC**....	8,01	7,25
	LIÉGEOIS***....	8,07	8,50

Fonte: KAPFERER & LAURENT, 1998[1].

*N. de T. Aqui o autor faz um trocadilho entre a palavra *portrait* (retrato) e a expressão *porteur de traits* (portador de traços).
**N. de T. Na França, o *fromage blanc* é um tipo de queijo branco fresco e cremoso.
***N. de T. Sobremesa cremosa.
[1] KAPFERER, Jean-Noël & LAURENT, Gilles. "*Comment les consommateurs perçoivent les méga-marques*". Jouy-en-Josas: relatório de pesquisa, HEC [École Supérieure des Hautes Études Commerciales], 1998.

de produto ou serviço típico, e depois de força (o ponto forte desse produto ou serviço). As associações imateriais vêm depois.

É curioso o fato de não ouvirmos muito o consumidor: o que ele diz primeiro parece não ter nenhuma importância. O essencial dos estudos qualitativos se destaca pela análise daquilo que ele diz em segundo lugar. Na base da marca, ficam o produto ou o serviço e o seu ponto forte. Uma marca cujos consumidores não podem dizer qual é o seu ponto forte, pelo qual ela se impõe, é, na verdade, uma marca fraca. Afinal, mesmo quando compram pela imagem, os consumidores querem racionalizar a sua escolha: querem poder explicá-la em termos de superioridade. Eles falam do

DISTÂNCIA DE IMAGEM ENTRE A PHILIPS E A BRANDT
(1 = forte atribuição do item; 3 = fraca atribuição)

	Brandt	Philips	Distância (B – P)
Moderna	1,34	1,33	(0,01)
Boa qualidade	1,47	1,51	(0,04)
Afinidade com as mulheres	1,69	1,65	(0,04)
Fácil de usar	1,28	1,34	(0,06)
Tecnologia	1,63	1,53	(0,10)
Garantia	1,69	1,47	(0,12)
Barata	2,04	2,16	(0,12)
Família gosta	1,20	1,36	(0,16)
Bugigangas tecnológicas	2,51	2,32	(0,19)
Dura muito tempo	1,36	1,55	(0,20)
Próxima dos consumidores	2,02	1,82	(0,20)
ESPECIALISTA EM ELETRODOMÉSTICOS	1,24	1,50	(0,26)
Publicidade	1,72	1,43	(0,20)
Confiança	2,14	1,81	(0,33)
Progresso	1,76	1,39	(0,37)
ESPECIALISTA EM REFRIGERAÇÃO	1,42	1,82	(0,40)
Faz sonhar	2,45	2,03	(0,42)
Inovadora	1,97	1,53	(0,44)
ESPECIALISTA EM COZIMENTO	1,43	1,93	(0,50)
ESPECIALISTA EM ELETRODOMÉSTICOS DE PEQUENO PORTE	2,08	1,51	(0,57)
ESPECIALISTA EM LAVAGEM	1,20	1,86	(0,66)
ESPECIALISTA EM TV / ELETROELETRÔNICOS	2,01	1,14	(0,87)

Fonte: KAPFERER & LAURENT, 1998[1].

[1] Ver pág. 92.

conforto das últimas Nike ou Salomon. Descrevem a Virgin Atlantic em termos de serviço, assim como a Saturn ou a Dell. É hora de ouvir o consumidor.

O quadro anterior apresenta a distância de imagem entre a Philips e a Brandt. O que se constata? Ao contrário das idéias recebidas, essas duas megamarcas são, na verdade, pouco diferenciadas em termos de imagem imaterial, esses famosos eixos de comunicação sobre os quais passaremos dias debatendo nas agências de publicidade. ("A Brandt vê os seus filhos crescerem!", "Philips, let's make things better".) Em contrapartida, a diferenciação é esclarecida na parte inferior do quadro, quando a questão é *savoir faire*: os consumidores atribuem *savoir faire* bem precisos a uma ou outra marca. Eles sabem reconhecer em que cada uma se impõe. E a sua marca, por qual aspecto ela se impõe?

3

Revele todos os seus valores

Por ocasião do lançamento do 406, no decorrer de uma discussão com a administração da Peugeot, alguém fez uma observação de que esse carro tinha uma característica particular: era um dos carros mais recicláveis do mercado, se não o mais reciclável. Mas essa informação não foi citada em parte alguma: nem na publicidade, nem nas malas diretas, nem nos estandes. Ela aparecia, contudo, em alguma parte no meio do folheto do produto, discretamente.

No momento em que não paramos de dizer que as marcas devem defender o seu valor agregado, tal modéstia surpreende mesmo. Certamente, afasta-se a idéia de que a reciclabilidade seria o critério determinante de uma importante fração de consumidores franceses e deveria, desse modo, ser o eixo de posicionamento do 406. O ambiente ainda não é o critério de compra prioritário nesse segmento na França (todavia, o mesmo não acontece na Alemanha ou na Suécia).

Porém, repreendeu-se demais as montadores francesas por negligenciar o ambiente em relação às suas equivalentes alemãs, sempre mostradas como exemplo, para que essa modéstia não tenha se aproximado do excesso.

O nosso ponto de vista é formal: uma vez que uma vantagem da marca é fonte de valor, é necessário revelá-la. Essa recomendação vai de encontro à dominação da publicidade sobre os esquemas de pensamento que guiam a divulgação da marca e de seus produtos.

OS LIMITES DA PROPOSIÇÃO ÚNICA DE VENDA

A publicidade aprendeu a se concentrar numa promessa única e repetitiva: a proposição única de venda (*unique selling proposition* – USP). As condições fugazes da exposição publicitária explicam essa doutrina. No caso do 406, o *slogan* diz: "Um carro como você: não precisa provar nada para ninguém". Neste território de comunicação, que, aliás, não estamos contestando, quase não há lugar para a afirmação das virtudes ecológicas avançadas nesse novo modelo da Peugeot, visto como atrasados um pouco nesse assunto em relação aos seus concorrentes alemães. É verdade que o destaque estratégico feito pela marca ao motor diesel, bastante denegrido na época, mas bem menos que hoje, comunicava a sua imagem "verde". O interesse de uma contribuição factual à percepção do valor do modelo 406, senão da marca Peugeot, havia apenas aumentado.

A comunicação não se resume à publicidade. Hoje em dia, a criação de valor passa pela mobilização de todas as fontes desse e pela sua comunicação. A proposição única de venda sanciona a dominação da mídia sobre o pensamento gerencial. É tempo de inverter a proposta. Toda informação boa a ser dita deve sê-lo: resta definir o seu alvo, sua mídia e seu calendário.

CADA VALOR DETERMINA O SEU ALVO

A ortodoxia do *marketing* de demanda nos ensina a partir do alvo para decidir a mensagem. A lógica dos valores comanda o *marketing* de oferta. Se o seu carro for, além de tudo, ecológico, é preciso prever um programa de *micromarketing* destinado a fazê-lo ficar conhecido junto a todos aqueles que valorizam essa qualidade: poderes públicos, associações de consumidores, jovens, grupos ecologistas etc. Talvez o comercial de TV deva receber uma adaptação quando passar nas programações de Ushuaia ou Okavango, que atraem uma audiência de sensibilidade ecológica. Em todo caso, o tópico Ecologia deve ser claramente identificado no folheto sobre o produto entregue a todo cliente em potencial que o pede, e *a fortiori* no *site* da Internet dedicado ao modelo. É a força da Internet que permite esse encontro imediato entre o centro de interesse do consumidor e as qualidades do modelo procurado.

Essa lógica certamente aumenta a complexidade do trabalho, por multiplicar os públicos-alvo específicos. Mas esses estão, em geral, mais implicados, mais envolvidos e, portanto, são o motor do boca a boca. A escolha de um automóvel é tão sensível ao boca a boca que todos os canais deste devem estar saturados de informações implicadoras e acreditáveis. As pessoas implicadas são prosélitos, até mesmo líderes de opinião.

A REDESCOBERTA DOS LÍDERES DE OPINIÃO

Na L'Oréal, as marcas estão organizadas em função do circuito de distribuição e do tipo de venda. Por exemplo, na farmácia, a marca dermatológica, quase sob prescrição, é a La Roche Posay. A Vichy era a grande marca generalista de dermocosmética, vendida sem assistência, em livre acesso nas prateleiras. Entretanto, pode-se ser uma grande marca de saúde sem nunca encontrar os porta-vozes da saúde, os dermatologistas. Esse processo era, até então, reservado à marca "médica", a La Roche Posay. Tendo considerado o seu porte, a sua distribuição, a Vichy também decidiu visitar os dermatologistas, rompendo com décadas de ortodoxia (*self-service* não se iguala a visita do corpo médico). Não se trata de obter uma prescrição médica, mas de revelar o valor para obter, pelo menos, a neutralidade, se não a aprovação passiva benevolente. Afinal de contas, os produtos da Vichy originam-se do melhor da pesquisa da L'Oréal, e é preciso revelar os seus valores a todas as pessoas capazes de decodificar as suas facetas. Toda marca deve, assim, se perguntar sobre os líderes de opinião que modelam a opinião de seus consumidores. A Danone cativa e informa os nutricionistas e dietistas graças à sua fundação. O conceito de líder de opinião não deve, entretanto, ser atribuído exclusivamente aos profissionais de um produto ou de uma necessidade. Na verdade, sobre qualquer assunto, consultamos amigos, pessoas próximas, que parecem saber mais do que nós e cuja opinião valorizamos. Poucas coisas os distingue sociologicamente de nós (é por isto que são acessíveis): eles se sentem mais interessados por esse ou aquele assunto do que nós e se tornam microespecialistas. É o seu conhecimento e a sua abertura à informação que os diferencia de qualquer pessoa. Eles também são, com freqüência, grandes consumidores da categoria de produto. Na lógica de criação de valor, a marca deve desenvolver um sistema de informação para ouvi-los e falar-lhes, reconhecendo a sua especificidade e o seu grau de envolvimento. A Internet é um meio ideal para alimentar seu apetite insaciável por novidades sobre a marca, seus produtos, seu uso, suas origens, seus valores...

IMAGEM PÚBLICA E IMAGEM PRIVADA

A tecnologia moderna de fato traz novas respostas ao problema da comunicação com os líderes de opinião. Até então, apenas os consumidores de loja permitiam criar essa "imagem privada" (no sentido de clube privado), diferente da imagem pública comum a todo o mercado. Ora, os líderes de opinião devem ser reconhecidos como tais e providos com informações prévias e valorizantes por si.

O advento das megabases de dados permite entrar em comunicação com esse alvo-líder. Os líderes possuem tendência a se informar mais: sabem onde procurar a informação e possuem a motivação para isso. Revistas, como a Danoé, enviadas a microalvos-líderes a partir das megabases de dados de clientes, inserem-se diretamente nessa perspectiva de distribuição de uma informação seletiva. Mesmo que também tentem alcançar um objetivo de aumento das compras por lar, essas bases e programas relacionais são um passo essencial na revelação do valor.

4

Pense primeiro na massa crítica

Já faz alguns anos que somente se constata a lei de bronze exercida pelo conceito de massa crítica. Muitas recomendações intelectualmente sedutoras cairiam diante de uma consideração simples: ter-se-ia a massa crítica para ser competitivo, para comunicar, para existir na concorrência ampliada? As construções de outrora, que delimitariam sutilmente os pares marca/mercado, posicionando as marcas do portfólio entre elas, são atropeladas pelo pragmatismo, pelo realismo, pelas exigências da concorrência de hoje, que ordenam que se pense primeiro na massa crítica.

Falar de massa crítica não é apenas fazer referência às megafusões na distribuição, como a Carrefour-Promodès, que seguramente exigem a capacidade de mostrar ainda mais a sua força diante dos fabricantes. A massa, que era até então uma medida do sucesso (será que se permanece pequeno voluntariamente?), torna-se um fator-chave de sucesso. Ela não seduz porque bajula o ego dos administradores. A análise dos fatos revela que uma série de efeitos-catraca quantitativos opera com a massa, conferindo uma sobra de vantagem competitiva às marcas líderes e explicando a sua melhor rentabilidade.

OS EFEITOS DE LIMIAR ASSOCIADOS À MASSA

A pesquisa junto aos consumidores revela dividendos interessantes associados à massa crítica, que permanecem desconhecidos e com os quais lucram principalmente os líderes.

O primeiro diz respeito ao efeito de limiar em matéria de notoriedade espontânea. Considerada um dos critérios-chave da marca forte pela maior parte dos dirigentes de *marketing*, a notoriedade espontânea é sinal de uma associação quase imediata à categoria do produto. A análise de mais de 50 categorias dos mais diversos produtos[1] revela que, em média, os consumidores citam três marcas espontaneamente. Se eliminarmos a primeira e a segunda do mercado, restará, portanto, uma única posição a ser preenchida para todas as outras marcas. É por isso que as marcas desafiantes vêem a sua notoriedade espontânea se estagnar, ao passo que a sua notoriedade assistida não pára de crescer. Isso se traduz por um aspecto marcado na relação entre notoriedade espontânea e notoriedade assistida, como atesta a ilustração a seguir (Figura 4.1).

A conseqüência operacional é que, em todos os mercados nos quais os líderes fortes existem, a marca deve atingir um limiar muito alto de notoriedade assistida para esperar ver finalmente decolar a sua notoriedade espontânea, com os líderes na frente.

O segundo efeito que beneficia as marcas maiores, e forçosamente líder do mercado, é o aspecto memorial em favor do mais conhecido. Quando perguntamos aos consumidores qual marca eles compraram durante o último período, eles citarão muito mais marca se ela for conhecida. Trivial? Sobretudo, a taxa de conversão (compra declarada dividida pela notoriedade) não pára de aumentar à medida que a notoriedade da marca cresce, como atesta o seguinte quadro.

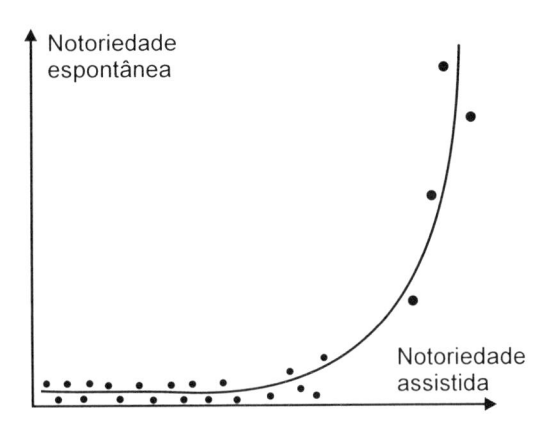

Figura 4.1 Efeito do limiar na notoriedade das marcas (Laurent, Kapferer e Roussel, 1990).

[1] LAURENT, Gilles, KAPFERER, Jean-Noël, ROUSSEL, Françoise. "The Underlying Structure of Brand Awareness Scores". In: *Marketing Science*, vol. 14(3), p. 170-179, 1990.

LEMBRANÇA DE COMPRA E NOTORIEDADE

Marca	Notoriedade total	Compra declarada	Taxa de conversão
Herta	90%	45%	50%
Fleury-Michon	86%	32%	37%
Madrange	80%	28%	35%
Olida	77%	19%	24%
Paul Prédault	76%	20%	26%
Aoste	63%	18%	28%
Géo	50%	11%	22%
Jean Caby	28%	5%	18%

Em suma, tudo ocorre como se a notoriedade produzisse rendimentos crescentes no plano da memória das compras recentes. Quanto mais conhecida é a marca, maior é a propensão a acreditar que ela foi comprada da última vez, o que favorece a recompra em caso de envolvimento mínimo. Descartamos, entretanto, a idéia de que não haveria participação de mercado sem notoriedade: o líder de vendas de uísque escocês em hipermercados na França não é nem Ballantines, nem Johnny Walker ou J&B, mas William Peel, que não investe em publicidade.

O terceiro efeito que privilegia as marcas fortes foi apresentado por A. Ehrenberg. Esse pesquisador britânico, que analisava apenas dados de painel, portanto de comportamento, revelou que, quanto mais uma marca aumentava sua penetração no mercado, mais a taxa de fidelidade aumentava e mais o volume comprado por consumidor crescia (cf. também pág. 150).

Compreende-se que todos tentem tirar partido dessas estatísticas e beneficiar dividendos da massa.

REVOLUÇÃO NOS PORTFÓLIOS DE MARCAS

A conseqüência desses números é importante na gestão dos portfólios multimarcas. A preocupação com a eficácia prima agora pela fineza das arquiteturas. O exemplo da Domaxel é sintomático dessa revolução.

A Domaxel é o primeiro agrupamento de comerciantes independentes e o terceiro distribuidor francês de bricolagem e equipamentos para casa. Eram explorados cinco conceitos de marca de referência:

- Bricosphère: com uma superfície média de 1.200 m² por loja, um conceito próximo da maioria dos hipermercados de bricolagem.
- Maison Conseil: que reunia o universo masculino da bricolagem e o feminino da decoração, com superfície média de 850 m².

- Bricorelais: uma franquia de lojas de conveniência para centros urbanos (550 m²).
- A rede Dompro: para os profissionais.
- E, finalmente, lojas com a bandeira Manufrance.

Atualmente, o que faz a força de um grupo não é a soma de suas participações de mercado ou volumes ligados a cada marca de referência ou marca: é a força intrínseca de suas marcas. Sob esse ponto de vista, dizer que a Domaxel é a terceira distribuidora, atrás da Castorama e da Leroy Merlin, é esconder uma realidade: nenhuma de suas marcas ou marcas de referência é forte. Como reunir, então, 600 comerciantes independentes sob uma mesma bandeira, se um dos ideais habituais de uma gestão saudável, conforme todos os manuais de distribuição, é não dar o mesmo nome a estabelecimentos de venda muito diferentes, principalmente, a marcas de referência que representam conceitos específicos?

A administração é a arte do possível. Diante de dois gigantes, a Castorama e a Leroy Merlin, podemos ser puristas? O importante não seria, enfim, mostrar a sua força, não somente como antes, no nível da única central de compra, mas enquanto força que age no mercado a serviço dos consumidores? Foi o que se fez em 1999, quando o conjunto de pontos de venda passou voluntariamente para a marca única Weldom. Essa simples mudança de nome aumentou o número de negócios dos pontos de venda em aproximadamente 10%. A hotelaria forneceu um outro caso de escola em que as considerações de competitividade devem sobressair. O grupo Hôtel et Compagnie administrava três cadeias de hotéis, cada uma posicionada em um segmento de mercado:

- Nuit d'Hôtel: com 45 hotéis, é a concorrente da Formule 1 no segmento chamado "zero estrela". A sua diferenciação se deve ao que propõe: um vaso sanitário e uma pia por quarto, com os chuveiros estando fora desses;
- Balladins (77 hotéis): no topo do segmento de uma estrela, propõe uma rede de hotéis e um restaurante, concorrendo com a Etap Hôtel (105 hotéis).
- Climat de France (158 hotéis): está posicionado no segmento duas estrelas, concorrendo com as cadeias Ibis ou Campanile (285 e 310 hotéis, respectivamente).

Para que servem as diferenças se elas não forem conhecidas por falta de oportunidade? Para que serve deixar uma boa impressão se não se pode fidelizar por uma rede densa do território? Muito rapidamente, em 1999, foi preciso ceder à evidência: as regras do jogo haviam mudado.

A Formule 1 entendeu muito bem. Essa criadora de um novo segmento (o zero estrela) buscou adquirir muito rapidamente a massa crítica, com 300 hotéis, para poder justificar um orçamento de comunicação muito grande e afirmar-se, assim, como líder dominante, a referência do mercado. Se contarmos 50 francos de publicidade por quarto e por mês, a Ibis também pôde mobilizar mais de 10 milhões de francos com seus 20.000 quartos. O Climat de France poderia investir apenas 4,5 milhões de francos, com 9.000 quartos. Um pode encarar a mídia televisiva, o outro não! O que podem esperar o Balladins e, sem dúvida alguma, o Nuit d'Hôtel? Certamente são bons produtos, mas suas marcas são fracas. É por isso que os agrupamentos de marcas de referência se impunham. Não valeria mais a pena capitalizar sobre uma única marca, agrupando os hotéis Nuit d'Hôtel sob a bandeira Balladins Express, variação da Balladins? Afinal de contas, o líder mundial Holiday Inn capitaliza sob a sua marca única, mas diferencia os produtos por meio de descritores como Holiday Inn Express, Holiday Inn Garden Court etc.

O processo de capitalização para ultrapassar os efeitos de limiar não é novo: ele se acelera e se acentua. A marca Labeyrie havia apreendido que não possuía qualquer chance de comunicar a diferença ao se restringir apenas ao *foie gras*, um produto demasiadamente sazonal. A extensão da marca ao salmão e ao *magret* permitiu atingir o limiar de um orçamento de criação de notoriedade e entrar na televisão.

Claude Bébéar foi um adepto pioneiro da noção de massa crítica. Desde a criação do grupo AXA, ele não parou de fazer desaparecer o nome das companhias de seguro que estava comprando. Quem se lembra da Drouot ou da UAP, apesar de ter sido a nº 1 durante anos? A mesma política foi adotada sistematicamente no exterior, quando a AXA recomprou companhias de seguro bem conhecidas localmente. Seus nomes foram substituídos por AXA, depois de um período de transição reduzido ao mínimo. Foi assim que a Equitable caiu no esquecimento.

Existem fortes razões para isso. Uma delas é a vontade de criar muito rapidamente uma marca para a empresa de sua nova cultura. A outra é a mundialização.

AS EXIGÊNCIAS DO *MARKET SPACE*

As companhias de seguro vendem reputação, credibilidade a longo prazo, tudo o que assegura. O poder de seu nome garante (?) que ainda existirão daqui a um século. Hoje, porém, o poder é medido pela notoriedade mundial. *Big is beautiful*. As marcas de seguros não concorrem mais no plano local, mas naquilo que chamamos de *market space*, um espaço imediato e sem fronteiras da comunicação mundial: fax, Reuters, CNN, Bloomberg e Internet fazem parte disso. Nesse grande escalão, o bilhete de entrada custa caro: é o símbolo das marcas de "classe mundial". Ao mesmo tempo, a AXA vende relação, ouvidoria, orientação ao cliente: é por isso que a relação direta, humana com o corretor continua sendo necessária. Pouco importa que a Equitable, nos EUA, ou a Prudential, na Alemanha, ou a UAP tenham desaparecido enquanto marcas, se isso permitir à AXA ingressar, aos poucos, no círculo limitado das marcas mundiais pelo seu porte e pelo campo de ação, preservando a continuidade e a intimidade do vínculo local, seja de pessoa a pessoa, seja graças às comunicações interativas.

A distinção entre *market space* e *market place* é fundamental[2]. O *market space* remete à idéia de um espaço de concorrência agora totalmente aberto e indivisível, no nível da circulação dos sinais e informações ou comunicações. As marcas devem assimilar que agora estão em concorrência nesse campo aberto de sinais e símbolos mundiais. *Market place* lembra que a prestação de serviço material, tangível, permanece sujeita às obrigações das regulamentações nacionais, das culturas locais, da distribuição. Os dois espaços não são necessariamente geridos em paralelo: a força da AXA é deixar uma enorme autonomia às equipes locais para otimizar os serviços e a relação no *market place*. Em contrapartida, a gestão do simbólico não é dividida, não é delegada: existe somente uma única imagem da marca AXA no plano mundial.

REDEFINIR A VITÓRIA

A criação de megamarcas obriga a tomar o ponto de vista dos consumidores. Como será que eles definem uma megamarca? Seria uma marca líder de seu segmento, como a Soupline com os amaciantes de roupas? O chefe da marca está contente com os resultados da Soupline, mas será que o consumidor a vê como uma grande marca, daquelas que exigem o respeito, a admiração pelo trabalho realizado há 30 anos a serviço dos consumidores? Enquanto a Soupline não passar de um amaciante, é de recear que

---

[2] RAYPONT, Jeffrey & SVIOKLA, John. "Managing in the market space". *Harvard Business Review*, vol. 72(6), p. 141, 1994.

não. Para fazer uma megamarca, é necessário ampliar a sua missão, sair do simples âmbito do produto. Esse processo tem uma primeira vantagem: torna humilde. Uma participação de mercado de 30% nos amaciantes se reduz quando a marca se situa no mercado de referência ou em uma categoria, como limpeza do vestuário, ou até mesmo limpeza da casa. Redefinida a vitória, dão-se outras ambições à marca, também outras perspectivas de desenvolvimento, em especial nos serviços, alavanca agora necessária do valor das marcas. Isso redefine também a organização das empresas.

5

Imagem de marca não é uso de marca

Você conhece Sergio Zyman? Esse mexicano, apelidado de "Aya Cola", foi vice-presidente sênior e diretor de *marketing* da Coca-Cola Beverage Company até maio de 1998. Em seu último livro[1] dedicado ao extraordinário crescimento da Coca-Cola (em cinco anos, ele fez as vendas da Coca passarem de 10 para 15 bilhões de engradados por ano) uma frase se repete sem parar: "O sucesso se deve ao fato de jamais termos esquecido que o objetivo da Coca-Cola era levar o maior número possível de pessoas a beber a maior quantidade possível de Coca o mais caro possível para que a empresa ganhasse ainda mais dinheiro".

Essa declaração bastante direta tem a vantagem de atrair a atenção para a grande alavanca do crescimento da Coca-Cola: fazer as pessoas que já consomem Coca-Cola beberem ainda mais. O caráter direto de sua formulação certamente chocará os adeptos do *marketing* de relacionamento, mais à vontade em um vocabulário cheio de particularidades que insiste em estabelecer um relacionamento a longo prazo, um contrato relacional com o consumidor. Não se trata aqui de opor esses dois pontos de vista, mas de lembrar que o volume *per capita* deveria ser uma das principais preocupações para aumentar o valor das marcas. Certamente, é necessário desenvolver a notoriedade e a imagem da marca: são alavancas de preferência inegáveis. Entretanto, todos conhecem marcas muito conhecidas, amadas pelo público, cujas propagandas figuram no *ranking* de criatividade, mas cujas vendas não chegam a ultrapassar um certo patamar. Existe, portanto, uma necessidade de tratar,

---

[1] ZYMAN, Sergio. *O fim do marketing como nós conhecemos*. Rio de Janeiro: Ed. Campus, 1999.

por meios apropriados, o problema do crescimento do volume *per capita*. Mesmo que a imagem influencie o comportamento, este último tem determinantes específicos. Além disso, ao contrário dos produtos de luxo, cujo consumo cria a desilusão e que se utilizam do sonho, para os bens de conveniência, o consumo é fator de proximidade, familiaridade e costume, portanto, de fidelização. Aumentar o uso da marca é também uma outra maneira de aumentar o *brand equity*, o valor financeiro da marca.

O volume *per capita* não é – e está longe ser – a preocupação dos planos de *marketing* de muitas marcas. Por quê?

FREANDO A PREOCUPAÇÃO COM O VOLUME

Atualmente, aprendendo com todas as análises feitas sobre a relação entre rentabilidade e fidelidade, as empresas reequilibraram os seus objetivos de *marketing*: menos conquista por mais fidelização. Trata-se agora de aumentar a participação da marca nas escolhas de cada consumidor, de aumentar a taxa de sustentação da marca (em 100 ocasiões de compra, quantas vezes um consumidor opta pela nossa marca?). Os programas de fidelização e as promoções ligadas a uma compra repetida concorrem a isso, bem como a comunicação direta sobre os valores da marca, personalizada graças à definição do público-alvo – o que as bases de dados permitem, ou graças a um *site* da Internet verdadeiramente interativo.

Apesar disso, raros são os planos de *marketing* que tomam como objetivo prioritário o aumento sistemático do volume consumido por indivíduo.

Existem razões culturais para isso. Quanto mais se fala, como é a atual moda, em fazer do consumidor um "amigo", em não se dirigir mais a ele como a um consumidor, mas como a uma pessoa, mais a perspectiva de lhe vender a idéia de comprar mais parece de uma outra época.

Porém, nos mercados maduros como os nossos, o crescimento não se deve mais a estratégias extensivas, mas intensivas. Não se aumentará o valor da marca, portanto da empresa, a não ser desenvolvendo a intensidade do vínculo entre o consumidor e a marca. Para isso, certamente é louvável e útil fazer gostar da marca, fazer compreendê-la, revelar os seus valores, sua ética, mas, se esse vínculo tiver de permanecer platônico, não criará valor para o acionista. Ele não produzirá mais consumo. Ora, todos nós já conhecemos marcas levadas ao topo dos escores de empatia ou cujas propagandas fazem estourar os limites dos escores de adesão, mas cujo consumo *per capita* permanece medíocre.

O problema é que o crescimento do volume *per capita* não decorre *ipso facto* de uma maior adesão à marca, de uma maior estima por ela. Seria mais o inverso: o comportamento aqui antecede as atitudes. Ora, nas equipes de *marketing*, é mais valorizado ocupar-se com o vínculo da relação entre o consumidor e a marca do que fazer o volume crescer.

O segundo freio na óptica do volume *per capita* é que ela está ausente da maioria das fontes de informação básicas em *marketing*. Quantas companhias ou marcas se acostumaram a segmentar o mercado conforme os dois eixos essenciais que são, de um lado, a taxa de consumo, e, de outro, a de sustentação da marca? Em geral, todos os estudos feitos até então pela marca partiam de uma outra segmentação: psicográfica, sócio-demográfica ou que simplesmente opunha os compradores aos não-compradores.

A orientação do volume pára, portanto, a curto prazo, em um freio informacional. Por definição, a cultura das companhias de estudos qualitativos não é comportamental. Elas promovem aquilo que sabem fazer bem: a busca da base da marca, de sua essência imanente.

A orientação do volume passa primeiramente, pois, por uma revolução cultural na empresa e com todos os seus parceiros de estudos, qualitativos ou quantitativos, para que analisem novamente os seus dados, seguindo a preocupação com o volume de consumo.

O mesmo acontece com as agências de publicidade. Se a publicidade, enquanto investimento, estiver a serviço do volume, ela deverá integrar esse parâmetro em seus próprios critérios de avaliação daquilo que é ou não um bom texto, uma campanha eficaz ou não. É sintomático, por exemplo, que, em todos os comerciais da Coca-Cola, alguém beba fisicamente e consiga um sentimento de fresca plenitude. Esses filmes mostram o consumo da marca, de uma forma ou de outra. Em cartazes recentes da Seven Up estava escrita a palavra "sede". A orientação para a comunicação é um reflexo na Coca e na Pepsi.

CONSTRUIR A MATRIZ ESTRATÉGICA

Todas as marcas deveriam conhecer em detalhes a repartição de seus compradores na matriz estratégica do volume. Essa contém duas dimensões: de um lado, o volume consumido por indivíduo e, de outro, a taxa de sustentação.

Cruzando essas duas dimensões (subdivididas nos níveis fraco, médio e forte), define-se, assim, oito segmentos comportamentais pertinentes para

MATRIZ ESTRATÉGICA DA ORIENTAÇÃO PARA O VOLUME
(Taxa de sustentação no setor doméstico)

	FRACA	MÉDIA	ELEVADA
VOLUME *per capita* FRACO			
MÉDIO			
FORTE	▨		

trabalhar no aumento do volume. Ainda é preciso que os institutos de pesquisa tenham proposto aos seus clientes essa matriz decisional básica. Se não for o caso, deve-se pedi-la ou procurar meios de obtê-la.

Cada *case* da matriz acima corresponde a uma problemática comportamental e é alvo, portanto, de uma análise separada. Deve-se primeiramente contabilizar seus consumidores e descrevê-los em termos de volume da marca consumida *per capita*, volume da categoria consumida, razões de consumo, circuitos de distribuição, formatos e embalagens preferidos. A contabilização permite apreender a importância quantitativa do segmento crucial na parte inferior direita da matriz: nossos consumidores que, ao mesmo tempo, são grandes consumidores *per capita* e têm taxa de sustentação altíssima. Vamos chamá-los de fanáticos! Eles podem representar até 70% do volume, não passando de 20% do conjunto.

A matriz permite, sobretudo, escolher os segmentos-alvo que se deseja fazer evoluir em volume, e aplicar planos de *marketing* para cada um desses segmentos. Em primeiro lugar, é preciso diagnosticar os motivos pelos quais a marca é muito ou pouco consumida e as alavancas de um aumento desse volume, mesmo entre os grandes consumidores. Trabalha-se horizontal (aumentando a taxa de sustentação) ou verticalmente (aumentando os volumes consumidos, com taxa de sustentação constante)?

O MARKETING DAS SITUAÇÕES

Aumentar o consumo da marca é procurar ampliar a sua base, seu território de usos. É mais um combate contra outras categorias do que dentro da própria categoria do produto. Há muito tempo, a cerveja era um produto consumido exclusivamente no leste ou no norte da França, ou com chucrute. As marcas souberam torná-la a bebida para saciar a sede, das 10 horas da manhã às 10 da noite, para os homens e as mulheres modernos. Para recuperar-se do "atraso" do consumo de Coca-Cola por parte dos franceses, essa marca definiu planos de *marketing* por situação: o mais importante é aquele que ambiciona fazer da Coca a bebida cotidiana que se toma nas refeições. Esse mercado em potencial é tão enorme que mobiliza o essencial das energias da Coca-Cola. Na França, a marca tenta modificar os costumes culturais dos franceses, levando-os a substituir a água natural, de fonte ou mineral, pela sua bebida gasosa e açucarada. Ela concorre também com a cerveja nesse mercado. O trabalho somente pode ser feito alvo por alvo, concorrente por concorrente. Trata-se de um trabalho de *micromarketing*: definir um *mix* de *marketing* específico que corresponda a cada situação de consumo em que se quer aumentar a participação de mercado da marca. O trabalho é realizado sobre o volume e, portanto, é acompanhado necessariamente por vários planos situacionais simultâneos. Esse *marketing* cirúrgico ignora a ilusão de querer tratar todos os problemas por meio de uma grande campanha e um plano promocional e globais. Quais são as principais alavancas desses planos de *marketing* situacional?

- *O primeiro é o targeting*. Como todas as análises de painéis e das megabases de dados mostraram, os maiores potenciais de crescimento se encontram, em geral, junto aos maiores consumidores da marca ou da categoria. Vinte por cento dos compradores de produtos Danone representam 70% de seu volume e de sua lucratividade. Nada nos diz que nossos grandes clientes são consumidores exclusivos. Há ainda um potencial de aumento de nossa taxa de sustentação dentro das situações de consumo existentes: é preciso analisar as razões que freiam o crescimento dessa taxa de sustentação (imagem do produto, imagem de sua utilização, formato, embalagem, sabor, disponibilidade na distribuição, preço etc.). Pode-se também criar novas situações para redefinir o denominador da taxa de sustentação ao estender as ocasiões de consumo.
- *O crescimento do volume passa, com freqüência, pelo lançamento de um novo produto, de uma extensão de linha*. Trata-se de suprimir todos os

freios ao consumo. O próprio produto pode ser um freio. Por exemplo, nos EUA, o gigante da cerveja, Miller, lançou a Miller Lite, mais fácil de beber em quantidade do que o produto padrão. Na França, lembram-se da cerveja vermelha Georges Killian e de seu famoso senhor cervejeiro. O que menos se sabe é que, pelo seu sabor e pela sua textura, é praticamente impossível beber duas garrafas de G. Killian seguidas. Por causa de sua fórmula, a marca estava estruturalmente desfalcada, em termos de crescimento intensivo, como é o caso da Perrier, por causa de suas bolhas de gás enormes que certamente a distinguem, mas freiam o consumo repetido, ao contrário dos óleos essenciais na Coca-Cola, que fazem com que ainda se tenha sede mesmo depois de tê-la bebido. A Coca-Cola observou que os freios inconscientes ao consumo eram, além de uma certa idade, o desejo de limitar a ingestão de açúcar ou cafeína: daí a criação de duas extensões, a Coca light e a descafeinada. O recente lançamento dos "Givrés [Gelados] d'Orangina" visa aproximar a imagem dessa marca à noção de sede, de grande refrescância, de ingestão de frescor em quantidade, noções até hoje pouco presentes no posicionamento da marca, que insiste em sua taxa de polpa natural, o que quase a torna um alimento líquido. Sob esse ponto de vista, não é por acaso que os "Givrés" estejam disponíveis exclusivamente em garrafas de um litro.

A análise sensorial também permite examinar de maneira muito sensível os parâmetros de saciedade. A Orangina vermelha foi lançada para aumentar o consumo de Orangina entre os maiores consumidores de refrigerantes: os adolescentes. A fórmula da Orangina vermelha era, além disso, apropriada para facilitar a absorção em quantidade em caso de grande sede.

- *O terceiro fator de criação de volume* per capita *é a distribuição.* Por exemplo, a proximidade entre o produto e a necessidade facilita a escolha da marca quase de forma mecânica. A firma Coca-Cola não pára de aproximar as suas marcas do lugar da necessidade. Encontramos distribuidores automáticos de latinhas de Coca-Cola agora em todos os corredores da universidade, em todas as salas de espera de aeroportos, estações, centros de lazer, estádios, piscinas etc. Considerando o preço fixo, isso permite também vender o refrigerante a um preço por litro bem mais elevado do que se tivesse sido comprado em garrafa de 1,5 litro em uma loja de desconto. A multiplicação dos pequenos refrigeradores externos para bares e cafés não serve para outros objetivos. Além disso, ela constitui uma fantástica barreira à entrada de outro refrigerante concorrente. O atendente da cafeteria hesitará em colocar a Orangina no pequeno refrigerador de cor vermelha da Coca-Cola.

A distribuição é também a chave de acesso às novas situações de uso que se quer penetrar para ampliar a posição da marca. Considerando a escalada sistemática das refeições fora do lar, quem controla as refeições coletivas controla o volume. Foi preciso esperar até 1997 para que a McDonald's francesa autorizasse a venda de Orangina. Quando se conhece a importância das cadeias de *fast food* junto aos adolescentes, tanto em volume como em imagem, compreende-se a deficiência de qualquer marca que esteja ausente nos lugares de consumo onde se fabricam os rituais, os costumes alimentares conservados em casa. Quem não reparou, em todas as lanchonetes e restaurantes tradicionais, em um pequeno cartaz que apresentava um preço global promocional para um sanduíche e uma garrafa de 600 ml de Coca? Trata-se de instalar um novo costume adicionando um antigo: o bom e velho feijão com arroz!

- *Como o exemplo anterior ilustra, o formato e a embalagem devem se adaptar, se desejarmos conduzir um* marketing *de volume* per capita. Não é à toa que se propõem embalagens de 300, 350 ou 600 ml. Para as compras em hipermercado, os estudos mostram que a passagem de uma garrafa de 1 litro para 1,5 litro cria um crescimento de volume considerável. Cada formato, cada embalagem deve ser pensado(a) em função da situação de consumo específica que visa. O importante, portanto, não é oferecer uma linha, mas direcionar usos.
- *O preço também é um elemento-chave do* marketing *orientado para o volume* per capita. Não se trata simplesmente de baixar os preços: qualquer um sabe fazer escoar o volume, tornando-o gratuito. Quantas marcas ultrapassam os limites em suas vendas em detrimento da rentabilidade e do *brand equity*? Aqui, mais uma vez, será necessário um trabalho rigoroso de análise e experiência. Para lutar contra a imagem de produto caro e desenvolver o consumo, a Disneylândia de Paris fez uma auditoria minuciosa em todos os seus preços. Por exemplo, foi constatado que propor uma entrada de 50 francos e um prato de 70 francos em um restaurante de parque de diversões levava os visitantes a achar muito caro e, conseqüentemente, escolher apenas o prato principal. A experiência revelou que uma ligeira baixa do preço da entrada e do prato principal levava os visitantes a pedir, de fato, os dois!

- *Não se pode desenvolver os usos sem dar aos consumidores as razões pelas quais a marca é ideal para a nova situação em questão.* No *marketing* orientado para o volume, é importante dividir este em dois: a parte "adquirida" e a parte a ser ganha. Cada uma delas necessita de um investimento. Primeiramente, deve-se defender sempre o volume adquirido, reforçando aqueles que já são consumidores. Trata-se de um orçamento intangível que, muito felizmente, corresponde a investimentos decrescentes por pessoa, à medida que esta for consumidora de longa data. Sabe-se que é assim que a fidelidade produz rentabilidade[3].

O crescimento do volume pela conquista de novas situações de consumo (possivelmente junto às mesmas pessoas citadas acima) reivindica também um investimento lógico. Não se cria um novo mercado sem orçamento relacionado com o objetivo de ampliação do campo de concorrência da marca. A simples disposição do produto certo no formato certo no lugar certo não basta: resta dar as razões de consumo. Quantas extensões de linha visando ampliar o campo do consumo foram extintas *de facto* pela ausência de apoio lógico na comunicação: a simples adição do novo produto em forma de vinheta no final dos *spots* publicitários não é suficiente.

UM CASO DE ESCOLA: O MERCADO DA TELEFONIA

Desde a desregulação do mercado dos celulares, a estratégia dos operadores, direcionada para a baixa sistemática dos preços para adquirir clientes, não tem sentido sob a perspectiva de ver esses mesmos clientes aumentarem em 10 vezes seu consumo *per capita*. Adquirir e fidelizar um cliente cujo consumo crescerá de forma exponencial oferece perspectivas de rentabilidade que justificam o montante espetacular de investimentos realizados neste mercado. É por isso, também, que a valorização de cada cliente da telefonia móvel está próxima de 10.000 euros. Examinemos as alavancas de liberação do volume *per capita* nesse setor.

A primeira foi a disposição do próprio produto, o celular, a um custo sem relação com o valor real do aparelho. Na França, em oposição aos outros países europeus, o aparelho é quase integralmente subsidiado, compreendido no preço global de um pacote, de uma taxa. Uma vez que se tem o aparelho nas mãos, serve-se o mesmo.

[3] REICHHELD, Frederick. *A estratégia da lealdade*. Rio de Janeiro: Ed. Campus, 1996.

Como a telefonia móvel começou na esfera profissional, os operadores tiveram de inventar novos produtos, de acesso simples, próximos aos consumidores, simpáticos. O modelo do gênero foi o Ola, uma espécie de Twingo ou iMac da telefonia móvel pré-paga. Tratava-se de uma fórmula ultra-simplificada criada pela France Telecom, associada a um aparelho o mais simples possível. Fórmula ideal para todas as pessoas que a telefonia móvel inquieta com a sua variedade de opções, preços, materiais, variantes. Reconhecendo que a liberação do volume andava junto com a redução das obrigações, a France Telecom criou e dominou o segmento do cartão com o seu produto Mobicarte: aqui, quanto mais caro, mais vínculo há em relação à instituição. Paradoxalmente, os clientes da telefonia móvel sem assinatura pagavam caro pelo seu desejo de liberdade. O custo da chamada era mais alto que nos planos pós-pagos.

A Bouygues Telecom foi a primeira a entender o interesse estratégico do grande varejo e da presença em hipermercados. Esse circuito, além de vulgarizar o consumo, contribui para a imagem de um consumo livre de qualquer obrigação. Devemos acrescentar que a fórmula loja-venda também é uma incitação maior para o grande varejo, que praticamente não se arrisca nesse mercado. A venda a preço de atacado das comunicações, na distribuição, permite-lhe revender aos clientes a um preço reduzido, além de aumentar, desse modo, a imagem de uma telefonia que agora não apresenta obstáculos e é cada vez mais barata.

Os serviços também são alavancas discretas, mas muito eficazes, do volume *per capita*. A opção de preço reduzido sobre a lista de números de nossos melhores amigos desencadeia uma alta sistemática das chamadas: nas tribos modernas, a comunicação é o novo oxigênio. Ficar conectados a todo momento, juntos, em nossa rede social, é a nova maneira de existir. A opção de sinal de linha ocupada produz também um aumento do volume. A pessoa chamada que suspende provisoriamente a sua ligação para atender uma nova chamada provocará, dessa forma, um impulso, que será, portanto, faturado antes de chamar a pessoa posteriormente. Do mesmo modo, as mensagens de texto, certamente muito úteis, retomam o princípio da secretária eletrônica, que duplica o volume consumido pela ligação em resposta àqueles que enviaram uma mensagem. A venda de *kits* para recarga de celulares em automóveis também faz crescer secretamente o volume. A experiência indica que os telefones equipados com esse *kit* nunca estão com a bateria fraca e podem, portanto, comunicar por muito mais tempo. Como se constata, a orientação do volume se refere a todas as facetas do *marketing* e passa por um trabalho sistemático, minucioso.

CONSUMO E PENETRAÇÃO

O destaque no consumo *per capita* permite aumentar significativamente a rentabilidade da marca, com taxa de penetração constante. No entanto, como mostraram os trabalhos já antigos do pesquisador britânico A. Ehrenberg[4], existe uma correlação entre penetração do mercado e volume *per capita*. Assim, as marcas líderes do mercado desfrutam de uma penetração mais forte que as outras e, ao mesmo tempo, também de uma taxa de fidelidade mais alta e de um maior volume de consumo *per capita*. Ehrenberg chamou esse fenômeno de *double jeopardy*, ou seja, um duplo perigo (para as marcas desafiantes, evidentemente). Isso nos indica que, a longo prazo, o aumento contínuo da fidelidade e dos volumes *per capita* da marca passará também pela extensão da base de seus consumidores. Voltaremos a esse ponto posteriormente (cf. página 150). Aliás, atualmente, algumas operações ditas de fidelização, como o ticket Leclerc, recebem um tal bombardeio da mídia que acabam se tornando operações de recrutamento.

[4] EHRENBERG, Andrew. *Repeat-Buying*. Londres: Edward Arnold, 1972.

6
Renove a relação perdida

Nunca se procurou tanto estabelecer um relacionamento com os consumidores ou criar um relacionamento verdadeiro e duradouro com eles. Será o aviso de um fracasso do *marketing*? Afinal, toda a essência do *marketing* não consiste em ficar centrado no consumidor, atento a ele para melhor responder às suas necessidades, fazer de tudo para satisfazê-lo e fidelizá-lo? Com o excesso de livros americanos publicados nesses últimos anos sobre *marketing* relacional, deve-se acreditar que a constatação era negativa.

A concepção de relacionamento remete, na realidade, a vários sentidos, conforme cada autor. Para alguns, é o novo nome dos programas de fidelização. Para outros, é uma filosofia de gerenciamento radicalmente diferente. Todos, no entanto, visam retomar o controle do relacionamento perdido com o cliente, que o grande varejo considera agora como sua propriedade exclusiva.

ALÉM DA VENDA

Em seu sentido primeiro, o processo visa substituir a venda por uma vontade de criar uma relação duradoura e personalizada e, portanto, mais lucrativa que a eterna conquista de novos prospectos. Quando um cliente entra em uma concessionária de automóveis, isso consiste, por exemplo, em reconhecer que, se ele está entrando, é porque já escolheu ou considerou, de algum modo, a sua marca entre as marcas elegíveis (uma pequena lista). Assim, tudo deve ser feito para que ele tenha vontade de voltar quando quiser fazer a sua próxima compra. Como se comportar para deixar um traço duradouro que faça da marca um pretendente automático em quatro ou cinco anos? Essa revolução contrasta com a preocupação em vender o máximo possível de opções ao cliente a partir dessa primeira compra.

Os estudos da Bain & Company contribuíram enormemente para difundir essa preocupação[1]. Os números comprovadamente avançados a respeito da rentabilidade dos clientes fiéis agora são bem conhecidos.

O exemplo mais espetacular de sucesso em matéria de fidelização é o Saturn. Essa marca foi criada pela General Motors, que lhe deu uma missão impossível na época (1980): fabricar carros de uma marca 100% americana que ultrapassasse as taxas de satisfação do cliente e de fidelização dos carros e das marcas japonesas. Além de um destaque revolucionário na qualidade dos produtos, houve uma completa revolução nos procedimentos de "venda", pós-venda e assistência permanente[2]. O conceito de relacionamento substitui, no Saturn, o de transação. Uma das chaves do sucesso do Saturn encontra-se na aplicação efetiva de todas as conseqüências do seguinte princípio: "Trate os seus clientes como você gostaria de ser tratado!" Essa declaração já ouvida tem tais incidências no comportamento habitual das empresas que elas continuam, em geral, desanimadas. Ela afeta não apenas o processo de "venda", mas também a própria organização. O que um cliente normal deseja efetivamente, a não ser um interlocutor único que possa ser chamado a todo momento? Isso leva ao desmoronamento das separações entre *marketing*, pré-venda, pós-venda, ou ainda à criação de uma única base de dados de cliente em lugares onde existam muitos, seja por departamento ou função na empresa.

Uma outra chave do sucesso do Saturn se deve à personalização dos relacionamentos. O que de fato significa "relacionamento" se o interlocutor for anônimo ou se nunca for o mesmo? No Saturn, depois de ter levado o seu veículo para um conserto, o cliente encontra um recado do mecânico que o consertou, com o seu nome e telefone para informações adicionais. Até agora, nem a Mercedes nem a BMW fornecem um serviço como esse. No máximo, criaram lojas de marca e comunicações aplicadas de acordo com cada clientes em um certo número de temas propostos a serem escolhidos por estes. E, pasmem, o serviço não faz parte dos temas propostos.

A personalização da relação é uma faceta crucial. É ela que fideliza os clientes das seguradoras, apesar das sucessivas fusões e aquisições. Pessoalmente, me lembro de ter recebido uma oferta que me estimulava a me tornar cliente do Banque Directe. Pareceu estranho a carta ter sido assina-

---

[1] REICHHELD, Frederick. *A estratégia da lealdade*. Rio de Janeiro: Ed. Campus, 1996.
[2] LENZ, Vicky. *The Saturn Difference*. Nova York: John Wiley and Sons, 1999.

da pelo diretor de *marketing*. Que erro! Todo o interesse do "banco direto" é o acesso simbólico ao próprio banqueiro (aquilo que os ingleses chamam de *private banking*).

CONTRATO RELACIONAL

A chegada recente das megabases de dados finalmente permitiu o tratamento individualizado e direto das pessoas reconhecidas em sua singularidade como pessoas e como compradoras. Essa revolução tecnológica vem em boa hora para todas as marcas ameaçadas pela presença do grande varejo em mercados em que a inovação associada ao produto tem seus limites. Agora, é possível apontar individualmente seus melhores clientes, mesmo que sejam vários milhões e, a partir de uma compreensão precisa de cada um, enviar-lhes a informação certa ou a promoção certa no momento certo, o que faz desaparecer a impressão desagradável relacionada às ofertas em massa do *marketing* direto tradicional. A base de dados é, portanto, o meio para construir uma intimidade com os seus melhores consumidores a fim de fidelizá-los, fazê-los experimentar novos produtos, informá-los, compartilhar os valores da marca. Enfim, a base de dados faz entrar na comunicação entre a marca e seus clientes um início de interatividade que vai bem além dos *consumer magazines*. Como se vê, esse processo tenta, no mínimo, propor uma melhora sensível do *marketing* direto e dos programas de fidelização habituais; na melhor das hipóteses, criar um verdadeiro vínculo de conivência com seus melhores clientes, à base não apenas de uma oferta adequada, mas de uma proximidade de valores compartilhados. A marca de *self-service* encontra a proximidade perdida com seus clientes no plano físico no sentido estrito e, ao mesmo tempo, se possível também, no plano psicológico.

É verdade que, em uma categorização hierarquizada, aquele que está próximo do cliente detém uma vantagem competitiva considerável. É disso que desfruta o grande varejo. As grandes marcas não podem se contentar em estar confinadas apenas à publicidade fugaz e à exigüidade da prateleira. Como tecer relações em tais circunstâncias? Como expressar seus valores em uma lógica da proposição única de vendas ou da avaliação de impacto, que privilegie a sensação imediata e o discurso repetitivo? A conivência nasce de uma identidade de valores, aspirações, concepções da vida. Faltavam às marcas as mídias para veicular esses valores. As megabases de dados são uma forte resposta a essa problemática. Por isso, não é de se espantar que os grandes grupos tenham levado em conta que o investimento considerável que isso representava era estratégico.

Na França, 60% do volume realizado pela Danone provém de 6 milhões de lares. Eles gastam sensivelmente mais de 3.400 francos por ano em produtos do grupo. É vital conhecê-los, compreendê-los, fazê-los compartilhar os valores de cada marca, para compor um "contrato relacional". Entende-se que investimentos anuais de 120 ou 200 milhões de francos nos clientes em potencial agora sejam considerados normais pelos grandes grupos de bens de consumo. Afinal, isso significa um investimento de 200 a 300 francos por lar de grande consumidor por ano! O retorno imediato é medido pela elevação da taxa de sustentação das marcas já compradas (até um patamar de 70%) e pela taxa de experimentação de marcas até então não consumidas. A vantagem dos grandes grupos de multimarcas é poder, por meio dessa ação coletiva, jogar nas duas alavancas do volume: a fidelização e a penetração ampliadas. Compreende-se então o papel da Danaé: a revista visa restabelecer o vínculo numa perspectiva de fidelização e crescimento dos volumes consumidos pelos clientes da Danone já grandes.

Essa ferramenta tem efeitos primorosos: obriga cada marca a definir a sua fonte de inspiração, os seus valores... Um contrato relacional não se sustenta apenas com anúncios com cupons-respostas e ofertas especiais.

Será que as empresas e marcas menores se vêem excluídas dessas novas mídias relacionais, considerando o custo, que só pode ser amortizado sobre um vasto portfólio multimarcas? A única solução é, além da utilização de bases de dados externas, encontrar parceiros em torno de um tema comum. Por exemplo, a Nestlé reúne muitas de suas marcas em torno do tema do café da manhã, um eixo estratégico de desenvolvimento para a mesma.

FAZER EM CONJUNTO

O terceiro sentido do *marketing* relacional diz respeito a tudo aquilo que a marca faz diretamente com os seus clientes. É o sentido promovido por S. Rapp e T. Collins em sua série Maxi-marketing[3]. O exemplo típico é a reunião anual dos proprietários de Harley-Davidson, em algum lugar dos EUA, que proporciona a ocasião de encontrar todos os membros da empresa que também se juntaram a essa equipe selvagem em suas próprias Harleys e se divertir com eles!

[3] RAPP, Stan & COLLINS, Tom. *Maxi-Marketing: Os Vencedores.* São Paulo: Makron Books, 1994.

O conceito-chave por trás dessa abordagem é o de "fazer em conjunto". A implicação dos consumidores é tão mais forte que existe participação em um ato coletivo, festivo e intenso, pois se trata de um objeto implicador por si só. Outros exemplos mais próximos ilustram esse processo: os pontos de troca de fraldas, espalhados ao longo das estradas, também são maneiras, de as marcas de fraldas atestarem a sua focalização no serviço ao cliente. A operação Open Miles da Hollywood Chewing Gum permitiu que mais de 40.000 jovens entre 15 e 25 anos viajassem em ônibus do tipo Greyhound e concretizassem, assim, os valores de liberdade e alegria de viver, de evasão e viagem. O chiclete não é certamente implicador, mas os valores por trás da Hollywood o são. A boa idéia consiste em não ficar restrito ao plano publicitário, mas em trabalhar em grande escala a serviço dos jovens.

Esquecer o cliente e pensar na pessoa. O grupo Pernod Ricard é um precursor desse tipo de *marketing* relacional. Paul Ricard dizia a suas equipes: "Façam um amigo por dia". Se multiplicarmos 600 embaixadores da marca por 365 dias, isso representa, no mínimo, 219.000 novos amigos por ano. A força do vínculo foi criada pela implicação direta da marca pela presença física e participativa de seus representantes em todos os lugares de amizade, como bares, e nas manifestações de amizade, festa e alegria compartilhada, desde o campeonato de bocha até o renomado Ricard Live Music. A Ricard se tornou a marca da alegria compartilhada, da experiência festiva coletiva, do otimismo. É por esta única razão que a marca mantém a sua participação de mercado: apesar das cópias de revendedores e das bebidas barateadas, ela permanece, de longe, como a líder. Aliás, quando retoma uma marca em decadência como a Larios, da Espanha, o grupo freqüentemente começa por cortar as despesas publicitárias e reinvestir tudo na reconstituição do vínculo, da relação com um grupo de clientes novos, pequeno no início, isso é certo, mas implicado. Já se viu criar uma religião sem partir de um pequeno grupo de prosélitos?

A OPORTUNIDADE DA INTERNET

A Internet traz o seu toque específico e o seu poder ao ideal relacional da marca. Mais do que uma vitrine de imagem ou um canal de distribuição e compra instantânea, a Internet deve ser vivida como a manifestação da nova orientação da marca. É um novo terreno de expressão da excelência relacional da marca. Participar dela é se expor aos julgamentos comparativos desfavoráveis, se não se estiver pronto para isso. Não entrar nela é confessar uma carência.

A noção de ideal relacional não remete à estética do *site*, nem à adequação dos diálogos ou das animações. Em resumo, a Internet deve levar um serviço real ao cliente. O *site* da Nivea deveria dar conselhos sobre a manutenção da pele de bebê conforme a idade. Dever-se-ia também poder acompanhar cada vôo da Air France para conhecer, com precisão de minuto, sua hora de chegada prevista, o portão e o terminal. Dever-se-ia poder, enquanto cliente fiel, munido de um cartão de pontos, escolher e reservar o vôo para o qual seus pontos seriam trocados por passagens gratuitas. Isso substituiria a via crucis atual. A Internet é o momento único de demonstrar ao cliente que a marca procura satisfazê-lo:

- Evitando fazê-lo perder tempo (o que as companhias aéreas fazem pior hoje em dia, a partir do momento em que se vai à agência).
- Reconhecendo-o pessoalmente de outra maneira que não pelo nome, mas pelo perfil de preocupações e interesses, o que permite lhe fornecer um serviço personalizado, sob medida.
- Facilitando, ao máximo, todos os processos para ele.

A Internet autoriza também uma outra forma de relação: reuniões virtuais entre os adeptos da religião. É dever da marca encorajar as trocas entre adeptos, clientes implicados da marca, por meio de fóruns de discussão. Certamente, isso já era possível nas páginas especiais reservadas nas *consumers magazines* para esse fim. A Internet torna isso infinitamente mais poderoso, imediato, não-mediatizado pela marca, interativo; portanto, franco.

A Internet vai reestruturar de tal forma as expectativas e os comportamentos que podemos nos perguntar se amanhã a publicidade ainda existirá, no seu sentido clássico, unidirecional, sem interação possível. Vários sinais apontam nessa direção. As capacidades fornecidas a partir de hoje pela TPS* a todos os seus 800.000 assinantes, graças a um terminal realmente interativo, vão fazer escola. Os grandes fabricantes de televisores não terão mais aparelhos não interativos em um futuro próximo. A Procter & Gamble acaba de passar por um teste de publicidade interativo para o Pantene na TPS.

LUGARES DE MARCAS

Para desenvolver seus valores, os revendedores têm os próprios espaços: as lojas. A partir daí, cria-se uma relação desde o momento em que esse esta-

*N. de R. T. TV a cabo (em francês, *Télévision por Satellite*).

belecimento deixa de ser exclusivamente comercial, mas um lugar para dividir paixões. A Fnac e a Virgin Megastore atingiram esse nível. Lá, perambula-se, ouvem-se as novidades, folheiam-se histórias em quadrinhos, refresca-se, sem nenhuma pressão para compra. A Decathlon criou, fora de suas lojas, lugares de vida e expressão para os jovens, onde eles pudessem experimentar seus produtos, dedicar-se ao *hobby* preferido. Não é de se espantar que os jovens não falem mais da Decathlon, mas da "Decat", uma abreviação que simboliza um verdadeiro relacionamento.

Criando as surpreendentes Nike Store, essa marca não está procurando criar um circuito de venda, mas um lugar de trocas 110% Nike. Antes de ser comprada pela Adidas, a Salomon havia criado uma primeira Salomon Station, em pleno centro de uma estação de esportes de inverno. Esse lugar visava recriar e dar forma à relação entre a marca e as novas gerações de surfistas, uma tribo um pouco abandonada pela marca no início. A primeira função da Salomon Station é ouvir: os jovens vão até lá, bebem um refrigerante, assistem a vídeos, conectam-se à Internet, fazem perguntas e observações. É um autêntico lugar de trocas. Esse gênero de lugar é muito diferente dos templos do culto às nossas marcas de prestígio, como os castelos bordeleses ou as casas da região de Champagne associadas a toda grande marca, ou ainda a visita cuidadosamente agenciada às cavernas da Roquefort Société. É verdade que os espirituosos necessitam de um lugar de origem, onde nasce a religião. Nesses lugares, tem-se acesso ao divino, aproxima-se do mistério da criação daquilo que é inenarrável: a grandeza do Veuve Clicquot, do uísque irlandês de referência Jameson ou da Société, a histórica marca que fundou a lenda do Roquefort.

Na Nike Town ou na Salomon Station, o público que se dedica a uma nova relação com as marcas desempenha o novo papel ao qual aspira agora: o de "consu-ator".

A ERA DOS CONSU-ATORES

Perguntado sobre seus clientes, o fundador da Burton, marca *cult* do *snowboard* mundial, respondeu que estes se sentiam praticamente proprietários da marca. Eles mesmos esperam uma relação diferente com as marcas e as empresas. Não querem mais que se faça para eles, como no *marketing* clássico, mas sim com eles! Certamente, descartamos a idéia de pretender que a tribo dos surfistas represente o cerne dos consumidores de hoje. Em contrapartida, eles representam uma sensibilidade que deverá aumentar futuramente, pois, uma vez acostumado a ela, não se consegue abandoná-la.

Os jovens surfistas querem descobrir e fazer parte da criação e do crescimento da lenda de sua marca. Por exemplo, concretamente, querem conhecer as pessoas por trás da marca, fazer trocas com elas. Nesse tipo de relação, a noção de *back office* desaparece: o *back office* se torna *front office*. Portanto, eles não se contentam mais em ser consumidores, querem ser também co-produtores, consu-atores[4].

Os lugares de marca, como a Nike Town ou a Salomon Station, servem para isto: ouvir, ouvir, ouvir mais ainda. A Internet é uma mídia insubstituível também sob essa perspectiva de reviravolta do visível e oculto, do *back* e *front office*.

O *MARKETING* DAS AFINIDADES

A sociologia demonstrou, há várias décadas, a importância do boato e do boca a boca no sucesso dos novos produtos. Uma após as outras, as grandes marcas, mesmo as aparentemente mais globais, descobrem as virtudes daquilo que se deve chamar de *underground marketing*, o *marketing* do boca a boca. Para construir um corpo de prosélitos, a marca deve trabalhar em profundidade, construir suas bases em microgrupos hiperenvolvidos, mesmo que os motivos de seu envolvimento difiram. E mesmo que sejam diferentes de um país a outro. O importante é identificar as fontes de afinidades entre essas tribos e a marca. O boca a boca é a mídia dos centros de interesse divididos. Aliás, na Internet, não se trata tanto da notoriedade da marca que faz seu *site* ser freqüentado, é o fato de os internautas saberem que lá encontrarão aquilo que intimamente lhes interessa. O efeito de boato se deve ao fato de que não deixarão de avisar os seus amigos do interesse por esse ou aquele *site*. Se, no mundo físico, cada um pode avisar uns 15 amigos, no da Internet, cada um pode avisar várias centenas de pessoas por meio de fóruns e listas de discussão.

A importância dos centros de interesse leva, aliás, algumas empresas a chamar o *site* de suas marcas não pelo próprio nome dessas, mas pela necessidade, pelo centro de interesse ao qual o *site* corresponde: o da Pampers se chama Total Baby Care, o da Ariel é Washright.com.

A busca desses terrenos de afinidade possíveis é uma necessidade para as marcas desafiantes diante de um líder dominante. Por exemplo, a Havana Club, o verdadeiro rum de Cuba, enfrenta o gigante americano Bacardi

---

[4] BOISDÉVÉSY, Jean-Claude. *Le Marketing Relationnel*. Paris: Éditions d'Organisation, 1996.

investindo em todos os terrenos férteis: os turistas que vão a Cuba, os fumantes de charutos, os amantes dos coquetéis cubanos, os saudosistas de Che, até os comunistas... Para ajudar cada um a fazer em casa o famoso *mojito*, como em Havana, a Havana Club lançou, juntamente com a Moulinex, um produto especial em *co-branding*: um *mixer* com as cores da Havana Club.

7

Simplifique o portfólio de marcas

Quanto é preciso para levar a oferta aos consumidores em uma determinada categoria de produtos? Assim pode se resumir a atual problemática do portfólio de marcas nas empresas. Essa questão está no centro de todas as reflexões atuais das empresas confrontadas com a internacionalização de suas atividades, portanto, com a concorrência total que provém de outras empresas internacionais, mas também de atores locais bem implantados, importações asiáticas de baixo preço e marcas de distribuidor.

Regularmente, os grandes grupos fazem efeitos de anúncio, como a Unilever, que expressou, em setembro de 1999, o seu desejo de extinguir 1.000 de suas marcas para não deixar mais de 400. A pressão certamente está em baixa, os acionistas e a distribuição estão exigindo. No caso da Unilever, quando se sabe que esses 1.000 nomes representavam 8% do número de negócios, imagina-se os custos de complexidade inúteis associados à manutenção dessas marcas a qualquer preço! Esses efeitos de anúncio têm o mérito de dar um rumo preciso ao conjunto da empresa e fixar prazos.

A otimização do portfólio de marcas é uma questão estratégica, pois a resposta dada terá efeitos duradouros e profundos. Além disso, a organização das marcas diz respeito a várias funções da empresa fora do *marketing*: produção, finanças, organização. Ela é estratégica, enfim, nesse sentido de que a resposta dada permite ou não adquirir uma vantagem competitiva durável. Ela se torna complexa a partir do momento em que se procura obter uma resposta homogênea para o conjunto dos países em todos os continentes, o que atualmente se transforma na norma.

Na verdade, a questão do número de marca é apenas conseqüência dos papéis atribuídos a cada uma na cobertura das necessidades dos consumidores e da capacidade do portfólio como um todo, em corresponder melhor às expectativas dos circuitos de distribuição do que às ofertas globais concorrentes. Vários fatores desempenham um papel crescente na reavaliação dos portfólios de marcas: vamos examiná-los um de cada vez.

EM BUSCA DA MEGAMARCA

Um portfólio de marcas é uma resposta a objetivos específicos de dominação da categoria, criação de barreira na entrada do circuito de distribuição, atração e fidelização dos consumidores. Aliás, a primeira etapa em toda reflexão é indicar claramente os objetivos a serem alcançados, o que se espera com precisão do nosso portfólio de marcas.

A dominação da categoria é hoje nitidamente o objetivo principal incontornável, o que implica que o portfólio deve ser estruturado em torno de uma megamarca. Esta acomoda a credibilidade da empresa em relação à distribuição. Por sua ampla cobertura em termos de produtos, ela emerge no nível da prateleira para os consumidores, mesmo que os seus produtos estejam dispersos na prateleira (o que argumenta a favor de sinais muito fortes de reconhecimento da marca). Construir uma megamarca leva naturalmente a fazer "retroceder" marcas até então importantes. Basta examinar o lugar agora restrito da marca Plénitude nas novas propagandas da L'Oréal Paris para ter um exemplo desse fenômeno. Não se pode criar uma megamarca sem mudar de maneira significativa o equilíbrio entre marca-mãe e marcas-filhas.

Sob esse ponto de vista, os portfólios equilibrados demais comportam, em nossa opinião, uma fraqueza intrínseca: quando se divide a inovação entre duas marcas de portes iguais, divide-se pela metade o seu impacto sobre cada uma dessas marcas. O argumento vale também para a publicidade. Se a isso for acrescentada uma força de venda comum, acumulam-se as deficiências. A indústria automobilística ilustra isso. O grupo Volkswagen estrutura o portfólio em torno da megamarca Volkswagen. O grupo PSA Peugeot-Citroën dispõe de duas marcas paralelas, de pesos idênticos, felizmente impulsionadas por redes de distribuição distintas.

Essa busca da megamarca levanta problemas aos portfólios dispersos, mesmo que seja por boas razões. A Adidas é um exemplo disso. A empresa comprou o grupo Salomon, que comportava várias marcas bem especializadas: a Taylor Made para o esporte, a Mavic para rodas de bicicletas de corrida do mais alto nível. A política de marca do grupo Adidas-Salomon é a de marcas com os territórios dos produtos bem delimitados, cada um com vocação para ser a referência em seu campo. Porém, diante da onipresença do símbolo único da Nike (o "swoosh"), exibido em todas as pistas, quadras e gramados, afirmando, assim, a ambição da Nike de reinar no esporte, em todo o esporte, a divisão de marcas parece ir ao encontro dessa busca de sinergias na origem da aproximação entre a Adidas e a Salomon.

Por que limitar essas sinergias ao *back office*? Ainda que a estratégia implícita tenha sido a do portfólio de marcas separadas e líderes em seus campos, a multiplicação dos "swooshs" levanta o problema da sub-representação do símbolo da Adidas. Nesse caso, não seria necessário unificar os logotipos dessas marcas para dizer ao setor esportivo aquilo que a distribuição bem sabe? É de interesse dos logotipos poder, assim, marcar as pertinências sem tocar nos nomes. Resta analisar, contudo, se, além das empresas que se fundem, existe nivelamento de valores entre as do futebol (o produto base da identidade da Adidas) e as da nova prancha visada pela Salomon. Por outro lado, na área de calçados, não se pode presumir que a fronteira entre as duas marcas continuará precisa. Nesse caso, o que se deve pensar de duas marcas no mesmo mercado com um logotipo em comum? Como se vê, optar por uma política multimarcas é uma decisão estratégica que tem implicações pesadas em termos de visibilidade e massa crítica.

INTEGRAR A PRATELEIRA

O que aconteceria se o Grupo Skali suprimisse uma de suas marcas: a Lustucru ou a Rivoire et Carret? Perderia imediatamente uma parte da prateleira que a outra marca não recuperaria. Considerada a importância da visibilidade na prateleira na escolha dos produtos de grande consumo em *self-services*, isto é, no impulso de compra (o modo dominante de decisão dos consumidores nesse circuito de distribuição), compreende-se por que os fabricantes hesitam em fundir as linhas. A curto prazo, o risco de perda de participação de mercado é sério. Será que os ganhos de valor agregado que esse processo pode trazer aos consumidores compensam? Será que realmente haveria ganhos? Diante da Panzani, da Barilla, que agora segue próxima, e das marcas de distribuidor, qual seria o interesse em criar também um terceiro generalista? Qual seria a posição competitiva desse terceiro generalista perante a extraordinária simpatia acumulada pelo líder Panzani e pela italianidade da Barilla?

Nas recomendações dos consultores em estratégia, tornou-se quase caricatural ver marcas existentes serem esculpidas no portfólio. Com isso, negligenciam-se parâmetros, certamente empíricos e comerciais, mas que pesam fortemente sobre as vendas ou, em todo caso, sobre a presença nas prateleiras, tanto que o *category management* não será perfeito entre os revendedores. A experiência indica, com efeito, que um comprador de prateleira exige mais quando visita vários *show rooms* do que quando visita apenas um. Ora, recomendar uma marca única é conduzir ao agrupamento das coleções em um só lugar, portanto, em um único *show room*. Sob esse ponto de vista, a eliminação de todas as marcas pequenas nessas categorias de produto causa uma restituição comercial certa.

DISTRIBUIR OS PAPÉIS

A experiência comprova que os portfólios de marcas não se autogerem: é preciso um coordenador, uma pessoa que tenha o sentido de cada marca e o poder de destacar. As marcas dentro de um mesmo portfólio tendem, de fato, mais a examinar-se entre si do que a visar o concorrente contra o qual cada uma está posicionada. Os conflitos correm o risco de ser permanentes a respeito da alocação das inovações, das pessoas, das idéias, dos meios.

Cada marca deve entender o seu papel na construção da dominação da categoria e sua defesa. Ela deve se ater a esse papel. Por exemplo, em geral as marcas líderes dominantes causam uma reação de recusa por parte de uma parcela dos clientes potenciais. Existem consumidores que não querem ter pneus Michelin ou calças Levi's. Existem eletricistas que não querem de modo algum comprar Legrande, líder incontestável de seu setor. Esse grupo de recusas reage mais em relação à marca do que ao próprio produto. Nesse caso, é importante poder propor uma marca coadjuvante que seja uma alternativa real à líder. Ser uma alternativa real tem conseqüências muito precisas em termos de produtos (idênticos), de linha (bastante profunda e ampla também), de preço. Trata-se de dar razões positivas de compra a esses antilíderes para nutrir um vínculo com essa marca alternativa e, assim, tornar difícil a inserção de um concorrente externo.

Ainda nesse ponto, a experiência prova que os administradores têm dificuldade em respeitar o papel designado à marca coadjuvante e muitas vezes desenvolvem uma estratégia de posicionamento relativo em relação ao líder, que não corresponde à trama coletiva construída para defender a posição dominante.

PAPÉIS PRINCIPAIS E COADJUVANTES

O fato de falar de segunda marca não deve deixar entender marca secundária. Os grandes filmes são sustentados por "papéis coadjuvantes" notáveis. As marcas ditas "coadjuvantes" têm uma função de fusível: protegem a megamarca ou neutralizam as ameaças externas. A forma como a empresa Coca-Cola neutralizou a ameaça da Crystal Pepsi ao sacrificar a sua Tab Clear ilustra essa última função.

A Crystal Pepsi foi um dos maiores sucessos em termos de lançamento de novo produto nos EUA. Um ano depois, foi também um dos fracassos mais notórios (aliás, juntamente com a New Coke). A Crystal Pepsi, ou seja, a Pepsi Cola transparente ou clara (e não escura como o refrigerante de cola habitual), capitalizava sobre uma certa rejeição da categoria cola encorajada pela escalada das bebidas ditas *new age*, propondo uma abordagem mais saudável dos refrigerantes.

Por sua cor, a Crystal Pepsi encontrava-se em concorrência com as marcas da categoria lima ou limão, como a Seven Up ou a Sprite. A Coca-Cola decidiu, então, lançar a Tab Clear, também transparente, posicionando-a como um produto *light* (o segmento sem açúcar também chamado de *diet* nos EUA). Com isso, levava-se o mercado todo a associar a transparência do produto ao benefício da categoria sem açúcar. Essa estratégia não tinha outro objetivo a não ser acabar com a nova categoria denominada transparente (*clear* ou *crystal*), tornando-a totalmente confusa para os consumidores e tirando, assim, a posição da Crystal Pepsi.

De fato, os consumidores não sabiam mais qual era o sabor dessa categoria (Tab e Crystal Pepsi não tinham o mesmo gosto), nem qual era a sua quantidade de calorias. A Tab Clear insistia na sua ausência de calorias, ao passo que a Crystal Pepsi não o fazia e, evidentemente, continha açúcar! Esta última foi, deste modo, incluída em uma categoria (a *light*) na qual havia uma deficiência maior: seu açúcar. A nova categoria foi exterminada por essa estratégia voluntarista, que sacrificou a Tab Clear. Para retomar os termos de S. Zyman, o autor dessa estratégia na Coca-Cola[1], deve-se distinguir as marcas "gorilla" das marcas "guerrilla".

[1] ZYMAN, Sergio. *O fim do marketing como nós conhecemos*. Rio de Janeiro: Ed. Campus, 1999.

QUAIS SÃO OS CRITÉRIOS PARA A SEGMENTAÇÃO?

Organizar o portfólio de marcas é responder previamente à pergunta: quais são os critérios de segmentação pertinentes? Teoricamente, os candidatos são vários: pode-se segmentar por produto (biscoitos doces *versus* salgados), nível de preço e de qualidade, uso ou condições de uso, benefício-consumidor, perfil do cliente etc. A questão crucial é, portanto, determinar o(s) critério(s) pertinente(s) para justificar marcas diferentes, pois uma coisa é adaptar a oferta, estruturar uma linha; outra coisa é apresentá-la sob marcas separadas. Quais tendências são traçadas a esse respeito?

Quanto mais elevado é o grau de envolvimento do consumidor, mais marcas múltiplas podem ser propostas. O envolvimento se traduz por um estreitamento daquilo que os consumidores chamam de ideal. Existem, portanto, vários ideais. Daí a multiplicação das marcas de uísque puro malte, de produtos de luxo, de carros *top* de linha, de vinhos *grand cru*. Além disso, os circuitos de distribuição são mais confidenciais e as mídias, mais voltadas ao boca a boca. A barreira de entrada é estilística e social – e menos capitalista.

Quando o envolvimento diminui, o consumidor gosta das grandes marcas ecumênicas, abrangentes, seguras.

A noção de generalista e especialista fornece também uma base forte para um portfólio de marcas. A Legrand é uma marca generalista mundial em materiais elétricos de baixa tensão. Entretanto, a empresa Legrand também dispõe de marcas especializadas, uma por grande categoria de produto, do catálogo da marca generalista.

Em numerosos casos, a distinção entre marca local e marca internacional é pertinente. Por sua história, sua penetração nos lares, o tamanho do parque instalado, as marcas locais desfrutam de um forte *brand equity* associado aos valores de segurança, permanência, garantia. As marcas internacionais são portadoras de sedução, mas também de um preço mais elevado. É importante, entretanto, lembrar que a manutenção da megamarca local consiste em equipá-la também com inovações da marca internacional, o risco de fazê-lo após um certo prazo. A megamarca não deve ficar muito tempo fora das modas e tendências.

RESPONDER AO CIRCUITO DE DISTRIBUIÇÃO

Os circuitos de distribuição aparecem como uma base muito forte de segmentação e organização do portfólio de marcas. A empresa tem a obrigação de dar uma resposta geral às necessidades de seu primeiro cliente: o revendedor. Por exemplo, no campo dos refrigerantes ou das bebidas alcoólicas, a empresa deve fornecer um portfólio completo de produtos e, se possível, das marcas conhecidas. Não se entra em certos circuitos sem uma oferta global. Aliás, esse foi o ponto em que empacou a negociação entre a Coca-Cola e o governo francês quanto à compra da Orangina.

A especialização por circuito se torna um modo fundamental de segmentação dos mercados e de organização do portfólio de marcas das empresas. Essa é a base da estratégia da L'Oréal: a Lancôme dedica-se aos circuitos seletos; a La Roche Posay, a Vichy e a Biotherm, à farmácia ou serve como circuito "farmacêutico" no exterior; finalmente, as marcas L'Oréal Paris, Maybelline e Garnier visam ao grande varejo. Essas três últimas marcas correspondem também a uma segmentação por tipo de expectativa. Não há motivo algum para que as mulheres do mundo inteiro se identifiquem com a imagem da mulher parisiense. É por isso que o Grupo L'Oréal comprou a marca americana Maybelline e a promoveu no mundo: esta tem como objetivo promover a imagem da mulher americana. Quanto à Garnier, ela corresponde a uma expectativa de seriedade e naturalidade reunidas.

Existe um risco ao avaliar a situação internacional pelo prisma singular da distribuição francesa. Por exemplo, na França, compra-se uma bicicleta em um grande supermercado, em um hipermercado. Trinta por cento são compradas em lojas especializadas como a Go Sport ou a Decathlon. O resto é vendido pelo pequeno varejo. Nos países nórdicos ou na Holanda, ao contrário, onde a bicicleta é um meio de locomoção cotidiano e a qualidade é valorizada, o essencial das vendas se faz pelo comércio de proximidade, pois o serviço assim exige. Os consumidores querem ter perto de casa uma assistência técnica especializada. Certamente, não se pode prever o futuro: será que a abertura de uma primeira Decathlon na Dinamarca modificará os critérios de decisão dos consumidores nórdicos, voltados para a qualidade dos produtos e do serviço?

Por agora, nesses países, não há um circuito dominante, mas circuitos que concorrem entre si. As marcas devem integrar esse dado essencial. Nos EUA, por exemplo, é impossível propor aos circuitos que praticam a venda assistida (como as lojas de departamento ou as especializadas) uma marca distribuída entre os *mass merchants*. O grupo Moulinex respondeu aos primeiros com a Krups; a marca Moulinex foi reservada aos segundos.

Para uma empresa, isso significa que existem vários tipos de marcas em seu portfólio:

- Uma megamarca generalista que recebe o essencial dos investimentos.
- Marcas dedicadas à dominação de um circuito de distribuição.
- Marcas especializadas em nichos ou espaços específicos (por exemplo, o *top* de linha).
- Marcas táticas para responder a oportunidades de distribuição sem prejudicar a situação da megamarca e as redes de venda. Isso permite assegurar a cobertura do mercado por meio de uma presença na venda por correspondência, por exemplo, nos *discounters*, nos pague e leve, na própria Internet.

AS RESTRIÇÕES DO INTERNACIONAL

O internacional levanta a questão da reprodutibilidade dos fatores de sucesso. No país de origem, as marcas foram construídas com o tempo e em uma época em que os custos das mídias eram baixos. Ora, a internacionalização de uma marca é feita agora em um contexto de concorrência, custos publicitários e distribuição concentrada sem nenhum paralelo com aquilo que acompanhou o crescimento da empresa em seu mercado doméstico. Assim, o grupo Seb comporta, na França, as marcas Seb, Calor, Rowenta, Téfal, Moulinex e Krups, cada uma dispondo de um capital de marca herdado de um conhecimento de longa data por partes dos consumidores. Elas estão onipresentes na distribuição agora bem concentrada desse setor.

Será que podemos reproduzir esse portfólio de marcas no Brasil perante os concorrentes locais, as importações coreanas ou chinesas e as marcas internacionais Philips, Black & Decker? Será que não devemos pensar e agir de maneira diferente? De fato, como já é o caso dos EUA, o essencial da oferta pertinente era agrupado sob a marca única T-Fal nos Carrefours ou Wal-Marts de São Paulo antes da compra da Moulinex e da Krups.

Na área dos serviços, a política de marca do grupo Vivendi segue a mesma lógica. Na França, é importante não parecer insaciável, uma espécie de monopólio privado: o que diria o consumidor se recebesse uma fatura da Vivendi para o seu telefone, uma outra para a sua televisão a cabo, uma terceira para a água, uma quarta para o transporte, uma última para a energia ou o tratamento de resíduos? É por isso que a Vivendi optou pela criação de marcas internacionais ligadas cada uma a um ofício: a Dalkia para a energia, a Onyx para o tratamento de resíduos etc. Agora, será que a mesma abordagem deve ser seguida na China popular? Não seria preciso, pelo contrário, chegar lá sob a bandeira única da Vivendi?

8

Justifique a extensão de marca

A extensão de marca é o assunto que causa maior alvoroço no gerenciamento de marcas. É normal, é a inovação mais radical trazida pelo novo gerenciamento da marca, a partir do momento em que se deseja capitalizar o valor sobre um único nome e criar uma megamarca. Além disso, dois autores americanos, J. Trout e S. Rivkin[1], construíram um fundo de comércio, fustigando em seus livros e palestras essa prática que supostamente leva, de maneira inevitável, ao declínio pela diluição de imagem que acarreta. Se for verdade que nem todas as extensões são bem-sucedidas, será que devemos, entretanto, condená-las? Afinal, a taxa de fracasso dos lançamentos de novos produtos é enorme, mas a inovação permanece como a mais vital das necessidades para uma marca.

A extensão é uma necessidade na vida de uma marca. Ela é sinal de crescimento, mudança de porte e adaptação ao mercado. O que falta definir é o momento da extensão, o seu território, seu conteúdo, bem como os meios trabalhados para acompanhar o lançamento. Por exemplo, foi preciso esperar até 1982 para que a Coca-Cola tentasse a sua primeira extensão: a Diet Coke (Coca-Cola Light), quase cem anos após a criação da marca. Desde então, a extensão se tornou freqüente na Coca, mesmo que uma delas tenha sido um fracasso retumbante a ponto de ser chamado o erro de *marketing* do século (a New Coke)[2].

---

[1] TROUT, Jack & RIVKIN, Steve. *O novo posicionamento*. São Paulo: Makron Books, 1998.
[2] HARTLEY, Robert. *Erros de Marketing e sucessos*. São Paulo: Manole, 2001.

A FALSA ACUSAÇÃO CONTRA A EXTENSÃO

A cruzada anti-extensão é baseada em uma concepção nominalista da marca, herdada da prática das marcas-produto. Nesta política de marca, o nome remete apenas a um único produto e vice-versa. Ariel é este detergente e nada mais. Sprite é este refrigerante de limão e nada mais. Virgin é um selo de música e só. Para os cruzados, estender a marca é criar um problema de referência na mente dos consumidores. A associação biunívoca marca-categoria desapareceria, o que seria ruim para a marca. Devemos reconhecer que esse presságio dramático parece não ter efeito na Bic, que de líder de canetas esferográficas tornou-se marca líder mundial de isqueiros descartáveis, barbeadores descartáveis e até pranchas de surfe. Isso não parece mais afetar a Virgin, que agora assina um refrigerante de cola, uma bebida de laranja, uma vodca, uma rede ferroviária na Grã-Bretanha, uma companhia aérea no Atlântico Norte, bem como lojas multimídia. Quanto aos japoneses, eles não parecem conhecer a expressão "extensão de marca": nunca passaria pela cabeça deles não denominar tudo com o nome com o qual estão mais contentes, ou seja, o da empresa. A Mitsubishi assina com sucesso carros, televisores, elevadores etc.: a lista é ilimitada. O mesmo acontece com a Yamaha, líder de motos mas também de pianos eletrônicos. Se existe uma palavra em japonês para isso, é, antes de tudo, "secessão de marca", isto é, o fato de não chamar tudo pelo nome guarda-chuva.

Uma coisa é certa: a extensão de marca modifica a relação da marca com o produto, até mesmo com uma categoria de produtos. A Bic trabalha com canetas, isqueiros e barbeadores, tendo em comum muito mais do que um fenômeno (Bic), mas a sua "bicidade", isto é, a conjunção exclusiva de vários valores (sempre um produto de qualidade, ainda que barato e muito prático, inserindo-se em um estilo de vida descontraído). Essa conjunção de valores sempre interessou o consumidor em todos esses mercados. Na verdade, como a marca criou esses segmentos, tornou-se líder e referência deles. Quando falta pertinência a essa conjunção, a extensão vira um fracasso: foi o caso do perfume Bic. Em contrapartida, as roupas Bic parecem promissoras nos mercados emergentes e países orientais.

Não queremos repetir aqui o capítulo metodológico do livro *Marcas, Capital da Empresa*, mas, a partir das práticas que pudemos constatar, queremos assinalar alguns pontos importantes no gerenciamento operacional das extensões.

ALGUNS MOTIVOS ERRADOS PARA A EXTENSÃO

A extensão está na moda. Talvez até demais. É por isso que muitas marcas se lançam nisso antes de terem esgotado todos os meios de garantir seu crescimento, trabalhando primeiro no produto de base. Ora, a extensão raramente resolve os problemas do produto de base com problemas de crescimento.

Quando a Vache Qui Rit viu a sua capacidade diminuir, em meados da década de 1980, a tentação teria sido apostar tudo nas extensões como a Apéricube ou a Toastinette, a fim de compensar a diminuição de volume. Pelo contrário, o grupo Bel decidiu reexaminar em detalhes todo o *mix de marketing* da famosa caixa redonda, o produto de base, a fim de reencontrar o caminho para reerguer as vendas. Nesse processo, todos os tabus voltaram a ser questionados: nada mais era *a priori* decretado infactível ou impossível, como freqüentemente acontece quando os problemas são graves. Por exemplo, até então todos tinham plena consciência de que o modo de abertura das porções era inconveniente: sempre se acabava com um pouco de queijo nos dedos. Porém, até aí o custo de uma nova máquina de fechamento havia sempre sido julgado exorbitante. Essa objeção desapareceu no momento em que a Vache Qui Rit fez o reexame.

A extensão de marca mobiliza as energias no interior da empresa, muitas vezes em detrimento do produto padrão, em prol de uma capacidade virtual que certamente será fraca no começo.

É por isso que a extensão não ajuda a resolver problemas imediatos do produto de base, pode até mesmo acentuá-los indiretamente, desviando uma parte da atenção deste último, primeiro interna, quando não externamente junto aos próprios consumidores.

Assim, apesar do alarde feito em 1997 em torno da Orangina vermelha e de sua campanha publicitária tão apreciada pelos adolescentes, as vendas da Orangina amarela, o refrigerante padrão, continuaram a baixar sem que isso fosse compensado pelos resultados da Orangina vermelha, da Orangina plus ou da Orangina light. É por isso que a Pernod Ricard decidiu, finalmente, encarar o problema e reanalisar todas as facetas do *mix* de *marketing* da Orangina padrão à luz de uma única questão: como aumentar o volume de consumo? De que serve ser efetivamente adorado se o consumo não segue junto?

Quando compram uma marca, as empresas integram ao valor financeiro dessa marca as esperanças de ganho futuro resultante de sua extensão em outros mercados, julgados como ainda mais lucrativos. Elas não param, então, de rentabilizar a aquisição, conduzindo uma política sistemática de extensão.

Assim, segundo boatos, em 1989, a Unilever pagou mais de 700 milhões de francos pelo famoso Boursin, um dos queijos mais célebres da França, cujo slogan "pão, vinho e Boursin" era o segundo *slogan* mais memorizado de todos os *slogans* publicitários. A Boursin desfrutava de uma notoriedade *top-of-mind* de 41%, de uma notoriedade assistida de 90% e era o segundo em participação de mercado no segmento dos "queijos frescos, com alho e ervas finas", atrás da Tartare (41% *versus* 31%). Certamente, ao comprar a Boursin, a Unilever providenciava um temível abridor de portas, permitindo a aproximação, em seguida, a outros queijos. Porém, o alto preço pago integrava provavelmente também o desejo de penetrar, por meio da Boursin, no mercado conexo do "queijo fresco", que pesava bem mais em tonelagem do que o primeiro (16.000t *versus* 10.000t), e dominado pela Saint-Moret, com 40% do mercado. Essa vontade estratégica, bem como o desejo de realizar o retorno indispensável do investimento, explica o fato de a empresa ter multiplicado as tentativas de penetrar nesse mercado, estendendo a ele a marca Boursin:

- A primeira tentativa consistia em lançar o "Nature de Boursin" com um sucesso moderado: o núcleo central da imagem associado ao Boursin é o sabor forte. Não se pode imaginar um Boursin sem esse sabor.
- Tirando as lições dessa experiência, decidiu-se um reposicionamento completo em 1994, tomando as crianças como alvo a partir daí. O produto foi, portanto, relançado com o nome "Boursin pour Petits Gourmands".
- Vendo os resultados ainda insatisfatórios, decidiu-se simplificar o conceito, ao relançar o produto com uma marca autônoma, a "Petit Gourmand", claramente direcionada para as crianças, ao passo que a marca Boursin intervinha somente como caução. A ausência de apoio suficiente no plano publi-promocional, diante dos gigantes do mercado infantil, como a Petit Louis, a Kiri ou a Samos, prejudicou os resultados. Em 1997, no segmento de refrigerados para crianças, essas três marcas totalizaram 92,4% do mercado em volume, e a Petit Gourmand, 4%.

Tende-se demais a conceber a extensão essencialmente como uma oportunidade para fazer economias. Espera-se que a extensão seja bem-sucedida, sem ter uma necessidade conseqüente de apoio em *marketing* e publicidade. É um erro. Entre as causas principais do fracasso das extensões de marca, encontra-se a ausência de suporte publi-promocional, como deve ser feito para todo lançamento de produto novo. A entrada em um mercado novo, diante de concorrentes solidamente implantados, para captar uma participação de mercado significativa, não pode ser feita sem um investimento à altura da ambição.

QUANDO A EXTENSÃO É ESTRATÉGICA?

Quais são as boas razões que justificam uma extensão?

Em primeiro lugar, o crescimento, mas depois que todas as vias relacionadas ao produto de base tiverem sido exploradas. Assim, a marca de margarina Planta foi criada em 1959. Em um país de tradição em manteiga como a França, ela foi posicionada no mercado de culinária e confeitaria. Foi somente em 1976 que a extensão Planta Fin surgiu para penetrar no mercado bem mais amplo dos produtos **pastosos**, graças a uma nova cremosidade e um sabor aperfeiçoado, capitalizando sobre as preocupações de saúde crescentes que desviavam uma parte significativa das consumidoras de manteiga. Depois dessa data, nenhuma outra extensão foi realizada. Pelo contrário, uma sucessão de reposicionamentos e melhorias do *mix*, visto que as vendas diminuíam, garantiu um crescimento quase ininterrupto da Planta Fin até hoje, mesmo depois da queda do sucesso dos produtos denominados *light*. Esse exemplo ilustra bem o motor principal da extensão: a oportunidade de alcançar um segmento em crescimento, explorando os valores associados à marca, quando esses são diferenciadores e motivadores nesse novo segmento.

Acontece que a extensão serve até para criar esse segmento, até então inexistente. O Tomatissimo da Amora é um exemplo típico. Em 1985, a Amora se tornou líder do mercado de *ketchup* na França, disputando com a Heinz, líder mundial que havia introduzido a categoria no país. Foi o resultado de uma revolução no uso do *ketchup*, graças à embalagem leve lançada pela Amora (não se consegue imaginar o efeito que as inovações no nível da embalagem têm nas participações de mercado: a Banga, líder do mercado de bebidas de frutas, perdeu definitivamente a sua liderança para a Oasis quando esta também abandonou primeiro as garrafas de vidro!). Em 1997, a Amora, líder com 47,3% de participação de mercado em valor, tinha a obrigação de fazer crescer o mercado, encontrando novos consumidores ou novos usos. O exame dos impedimentos revelou que os adultos achavam o *ketchup* muito doce e "infantil" demais.

A Amora inventou um novo produto para os rebeldes do *ketchup*, mas amantes de tomate e molho de tomate: Tomatissimo ou a qualidade de um molho de tomate aromatizado, apresentado em uma leve embalagem de *ketchup*, colocado na seção de condimentos, o que reforça também o posicionamento "pelo amor do sabor" da marca Amora. Apoiado por duas vagas de *spots* na TV de quase 12 milhões de francos, essa extensão fez passar a participação de mercado da marca para 50% em valor, gerando um volume adicional de 95%.

A segunda boa razão que justifica as extensões é o aumento da rentabilidade, que não deve ser confundida com a redução dos custos. Alguns mercados são mais lucrativos que outros, seja pelo aspecto dos custos de produção, distribuição, comunicação, seja pelas diferenças de taxa de concorrência pelos preços, de presença de marcas de distribuidor. Não se ganha o mesmo dinheiro no mercado do sabonete líquido, desodorante ou xampu. Quando as vantagens reconhecidas de uma marca podem permitir-lhe penetrar em outros mercados em crescimento e com estrutura de custo mais favorável, a extensão é desejável. O inverso é naturalmente verdadeiro.

Não é certo, por exemplo, que a marca Look, especializada no mercado dos pedais de bicicleta do segmento *top* de linha do qual é líder mundial, tenha interesse em assinar bicicletas completas com o seu nome, como se a Intel lançasse computadores. A concorrência pelos preços cresce no mercado das bicicletas, resultado da concentração da distribuição especializada (como Decathlon ou Go Sport), que penetra, aos poucos, em todos os países da Europa.

A terceira razão estratégica que justifica uma política sistemática de extensão é a manutenção, até mesmo o aumento, do valor da marca em um ambiente em permanente evolução. Assim, por que a Nivea modificou totalmente a sua política de marca em nível mundial, até então muito centrada na higiene básica, em torno de seu produto principal, o potinho azul? Uma primeira explicação seria a troca de pessoal que acometeu o topo da empresa e a nova equipe ter uma visão diferente daquilo que era tabu ou não, daquilo que era desejável ou não. O gerenciamento das marcas ainda é, de fato o fruto de decisões tomadas por homens e mulheres no topo da empresa. Quando o fundador ainda está no comando, a história e o início da marca estão onipresentes em todas as mentes: isso limita as evoluções do próprio produto, ao qual a marca parece indissociavelmente ligada, pelo menos internamente.

A principal explicação se deve à evolução da mulher no mundo. O nascimento da Nivea na Alemanha correspondia a uma época, um comportamento feminino em que dominavam as noções de cuidado e no qual as preocupações narcísicas de beleza e sedução estavam ausentes (é o contrário na L'Oréal). Hoje em dia, nos grandes países maduros, na Europa, nos EUA, o cuidado com a beleza domina. Teria sido perigoso deixar a Nivea fechar-se em uma lógica de outra época, mesmo que esse nível de preocupação ainda se encontrasse efetivamente nos países emergentes do Terceiro Mundo. Daí a extensão do cuidado à higiene (desodorantes), à beleza (Nivea Beauté) e à cosmética. Além disso, as margens são bem superiores nos mercados de batons e da cosmética.

A extensão é especialmente necessária no caso das marcas antigas ou marcas locais que estão envelhecendo, a fim de revitalizá-las. É pelos produtos novos que a marca retorna sua pertinência de mercado, seu interesse, sua atualidade. Reconheçamos, todavia, que, na prática, os freios a tais extensões são muito fortes internamente. Não faltam pessoas nas equipes de vendas, no *marketing* ou na distribuição para decretar que a marca não pode sustentar este ou aquele novo produto. Quanto aos consumidores, eles são bem mais abertos.

O exemplo da Kildamoes, a marca nacional dinamarquesa de bicicletas, é sintomático nesse aspecto. Essa marca, líder do mercado dinamarquês, desenvolveu-se graças a uma retomada do foco nas bicicletas urbanas de uso cotidiano. A Dinamarca é um país plano, onde tudo está perto de tudo: lá, a bicicleta é um veículo indispensável. A súbita chegada da moda das ATB e *mountain bikes* coloridas e *high tech*, trazida por marcas jovens, *made in Asia*, mas com consonâncias bem americanas, sacudiu a Kildamoes. A primeira tentação foi lançar uma nova marca nesses mercados, pensando que a Kildamoes era demasiadamente tachada para adulto, dinamarquês, até mesmo um pouco feminina. O fraco resultado levou a diretoria a relançar esses produtos *hi-tech* para os jovens, com o seu nome e em seus pontos de venda habituais. O sucesso foi imediato.

Subestima-se demais a força das marcas locais ou antigas. Bastam poucas coisas para revitalizá-las: coragem e entusiasmo acima de tudo, sem complexos, e depois a oferta de um produto eficiente e empolgante. Imaginemos que a Kildamoes não tivesse buscado alcançar a onda crescente desses novos esportes: isso teria fechado a marca em uma representação durável de marca, de outra época, desconectada de seu tempo.

DESGOVERNOS ORÇAMENTÁRIOS

O exame de dezenas de casos de extensões revela duas tentações sistemáticas, a partir do momento em que se aborda o montante do orçamento concedido ao lançamento da extensão, no plano publicitário e promocional. Ora, ambas são fatais.

A primeira, já examinada anteriormente, consiste em acreditar que se pode criar um volume complementar em um mercado competitivo sem investir. Os milagres são raros em *marketing*. Os princípios que guiam o sucesso dos novos produtos não deixam de ser válidos, a partir do momento em que se trata de uma extensão de marca. É preciso alcançar o linear, a notoriedade, desencadear o interesse, argumentar sobre o produto... Tudo isso supõe um investimento relacionado às ambições. Devemos reconhecer que, com muita freqüência, a discussão orçamentária ocorre no fim do processo de desenvolvimento e que, como as prioridades obrigam, a extensão às vezes é sustentada por um orçamento muito inferior às previsões.

O segundo erro é descobrir-se sobre o produto central. Toda extensão é uma nova proposta feita aos consumidores. A propaganda comunica as razões para comprar esse novo produto em vez dos outros produtos do mercado, inclusive os nossos. Se a extensão for um sucesso e essas razões se revelarem atraentes e rentáveis, as vendas dos nossos próprios produtos serão afetadas. Ora, a extensão não é um sistema de vasos comunicantes: trata-se de fazer a marca crescer, ampliando a sua base de consumidores, usos ou produtos.

O exemplo americano da cerveja Miller lembra esses fatos.

Os EUA são um país bebedor de cerveja. Os dirigentes da Miller, uma das grandes cervejas do mercado – junto com a Budweiser, Heineken ou Corona – constataram que os consumidores pareciam se saciar depois de ter bebido duas latas. A sua resposta foi lançar a Miller Lite com uma promessa relacionada com o problema a ser resolvido: "great taste, less filling" (ótimo sabor, menos pesada). O sucesso foi imediato. A sua própria cerveja também foi desestabilizada pela extensão. Eles haviam esquecido de reforçar as razões pelas quais os consumidores americanos deveriam continuar a beber a excelente cerveja Miller High Life, sua campeã de vendas.

As extensões estratégicas são vontades de criar uma mudança no mercado. É preciso, portanto, antecipá-la para se prevenir, a fim de que o efeito seja essencialmente sobre a concorrência.

A comparação das estratégias orçamentárias da Procter & Gamble de um lado e, de outro, da Unilever, revela-se muito instrutiva. A Procter não financia as marcas novas retirando parte das marcas existentes. No lançamento de Pantene, a P&G não reduziu a pressão da mídia do Head & Shoulders. Antes de lançar a extensão líquida de Ariel, a Procter fez uma campanha apoiada no produto padrão, em pó. No lançamento da Organics, pelo contrário, a Unilever não apoiou tanto a Timotei.

Para retomar o exemplo da Boursin e de suas extensões, examinado anteriormente, por ocasião do lançamento, a marca gastou globalmente 93 milhões de francos em mídia contra 58 milhões da Tartare e 35 milhões da Rondélé. Na verdade, a Boursin conferiu 22 milhões de francos à versão "nature", a extensão de marca, 46 milhões ao Boursin *en habit* (uma extensão de linha coberta com pimenta) e 25 milhões ao Boursin normal. Certamente, acumulando, a Boursin dominava a participação no total gasto em propaganda no mercado em questão. Mas esse cálculo tem seus limites. Basicamente, tinha-se financiado as extensões retirando do produto padrão que se defendia da Tartare e da Rondélé, e que representava ainda o essencial da tonelagem. Quando a Unilever lançou a extensão de Axe (o desodorante masculino) no mercado de cuidados pós-barba (Axe System), a participação no total gasto em propaganda do desodorante caiu em 50%. Era uma aposta arriscada: se a extensão não decolasse, ter-se-ia enfraquecido o produto central sem ter colhido, entretanto, os frutos da extensão. Foi o que aconteceu.

ESCOLHER OS TERRITÓRIOS DE EXTENSÃO

Depois dos auxílios culinários, para onde a marca Moulinex deve ir? Em quais outros mercados ela pode se desenvolver? Será preciso, como faz a Téfal, estender-se ao mercado de alarmes e proteção para a casa? Ou será preciso recuperar o *savoir faire* da filial brasileira Mallory para penetrar no mercado de ventiladores, depois no do tratamento de ar? Como escolher os territórios de extensão de uma marca, os seus novos mercados?

Além de sua taxa de crescimento e de sua lucratividade, deve ser um mercado em que todos os atributos associados à marca ou parte deles sejam valorizados. Isso supõe que se conheça o núcleo da marca, isto é, seus atributos identitários, aqueles cuja ausência significaria que se trata de uma outra marca. Esses atributos podem ser tangíveis ou intangíveis. No Nesquik, há chocolate para misturar ao leite. O Dove contém 25% de creme hidratante, o Corpus não engorda, a Danone faz bem para a saúde, o Carrefour é sério, a Marks & Spencer significa confiança e respeito ao consumidor. A partir desses atributos, pode-se compreender os seguintes mercados de extensão:

- Para o Nesquik, os iogurtes, as sobremesas cremosas, os doces, os cereais etc. ao leite e chocolate.
- Para o Dove, o mercado de desodorantes serve agora para valorizar a proteção da pele.

- Para o Corpus, cremes, iogurtes, mas também biscoitos leves, salgadinhos e água para emagrecer.
- Para a Danone, a água mineral natural, o queijo fresco ou fundido.
- Para o Carrefour, tudo, já que a dimensão de aparência social não entra em jogo.
- Para a Marks & Spencer, o banco e os serviços financeiros.

Assim, o critério primordial é o da pertinência dos atributos da marca para o mercado-alvo em questão. Anteriormente, abordamos o fracasso do lançamento do Axe System, uma extensão da marca de desodorante Axe, líder desse mercado na Europa, com 17% de participação de mercado. O Axe System visava ao mercado das peles sensíveis, em torno da barbeação. Ora, o que faz o sucesso do Axe no mercado de desodorantes quase não é pertinente no mercado de extensão. O desodorante Axe é preto, contém álcool, tem uma fragrância forte: basicamente, seu sucesso junto aos rapazes de 16 anos se deve mais ao aumento de sua autoconfiança e de sua capacidade de seduzir as garotas. Somente 1% dos jovens entre 18 e 25 anos declara ter problemas de pele sensível. Essa porcentagem é de 5% entre aqueles com 35 anos ou mais. Mas então, nesse último alvo, o que trazem os atributos do desodorante Axe? Nada.

Posto isso, pode-se perguntar como o Axe System conseguiu ser lançado. É esquecer que, na prática, não se detecta imediatamente o sentido profundo da marca. A importância da segurança sedutora levada por Axe aos rapazes que não têm autoconfiança nessa idade não foi compreendida desde o começo. Pensava-se simplesmente que Axe significava desodorante para homem.

Não vamos esquecer que, em *marketing*, a compreensão progride com a ação. Não se pode esperar estar seguro de tudo antes de lançar um produto. Além disso, os estudos por questionário dão, com freqüência, resultados ambíguos. É agindo que se compreende as forças e limites de sua marca.

Assim, o fracasso da Bic com os perfumes descontraídos para garotas revelou o limite da marca. Antes de ter tentado, poder-se-ia estar seguro? Afinal, a história das marcas está cheia de extensões declaradas heréticas que tiveram sucesso: a linha Dim para homens, a Basic Homme da Vichy, a Gillette para mulheres...

O exemplo da Becel em Portugal é absolutamente notável pelo fato de demonstrar que é preciso tempo e perseverança para identificar quais são os mercados realmente ideais para uma extensão da marca.

A Becel é uma marca de margarina que, graças à sua taxa elevada de gordura poliinsaturada, com a ausência de sal e colesterol, previne as doenças cardiovasculares. Apesar desse posicionamento bem pungente e de seu sabor particular (sem sal), a Becel é a segunda marca depois da Planta e a primeira em hipermercados. É uma marca muito lucrativa.

Lançada em 1970, a marca resistiu a qualquer titubeio de extensão durante 15 anos. Depois, com sistematismo, ela se lançou em todos os mercados nos quais julgava que seu posicionamento traria algo em relação à concorrência: em 1985, foi lançado o óleo Becel; em 1988, maionese Becel; em 1990, o queijo Becel; em 1992, a pasta cremosa Becel; em 1993, o substituto para o leite Becel. Todas essas extensões fracassaram, com uma participação de mercado que não ultrapassou os 3%. No entanto, nesse meio tempo, a participação de mercado da margarina Becel felizmente não havia parado muito de progredir.

Poder-se-ia deduzir dessas extensões infelizes que se interrompeu todas as outras que estavam sendo planejadas. Seria um erro: é preciso pensar sempre em alternar o crescimento e nas categorias mais lucrativas. Na verdade, os administradores da Becel identificaram progressivamente os parâmetros muito específicos que fazem com que um mercado realmente valorize os atributos identitários de sua marca. Na prática, não bastou que houvesse gordura nos produtos de uma categoria para transformá-la em candidata à extensão, apesar das aparências *a priori* favoráveis.

O *marketing* é uma disciplina experimental. Não se pode saber tudo com antecedência.

COMO AVALIAR AS EXTENSÕES?

Diante de um projeto de extensão, é preciso se perguntar primeiramente a respeito de sua lógica a longo prazo. Toda extensão modifica a natureza da marca, seu porte, seu *status*. A primeira questão a ser levantada é a do objetivo último. A extensão é comparável a uma subida de escada. Aonde leva? Qual o projeto final? O que se quer fazer da marca? Sob essa perspectiva, o produto em questão é uma etapa lógica nesse caminho?

A segunda questão é: até que ponto a extensão merece o nome da marca? Ela carrega seus atributos físicos ou imateriais? Parcial, completamente? Contribuirá, desse modo, para reforçar a reputação da marca nesses atributos? Traz consigo outros valores, complementares, para enriquecer a marca com dimensões que faltavam? Assim, a entrada da própria marca Nestlé no mercado de refrigerados contra a Danone e a Yoplait lhe trouxe a imagem de frescor que, até o presente, fazia falta a esta especializada em produtos secos (leite em pó, leite concentrado, chocolate etc.).

Uma coisa é a pertinência interna; outra coisa é o caráter competitivo da oferta. Como para todo lançamento de produto novo, convém se perguntar:

- O produto é objetivamente superior à concorrência? Se não, a força da imagem bastará para ser percebido como superior ou mais atraente?
- Os custos e prazos de aquisição de competências, nesse novo mercado, são elevados? Resultarão em uma diferença de preço grande demais? Não se poderia, de fato, subestimar esse fator. Passando do creme hidratante aos batons, a Nivea deverá aprender um novo gerenciamento. A marca viveu, até então, de produtos criados para durar vários anos. No campo dos produtos de beleza, é necessário lançar quatro coleções por ano! Mudar de seção é também mudar de comprador do grande varejo, mudar até de vendedores. Saberão fazê-lo? Quererão fazê-lo?
- O alvo interessado pelo nosso benefício-consumidor é grande o bastante nesse mercado?
- Não estaremos entrando tarde demais nesse mercado? Como reagirão os concorrentes: qual será a nossa capacidade de resistência? Como a distribuição percebe a nossa entrada?
- A extensão respeita os fatores-chave de sucesso nesse mercado particular? Com efeito, cada marca possui as suas regras. A extensão deve realizar um exercício difícil: respeitar a identidade de uma marca nascida, aliás, em um outro mercado; portanto, modelada em função dos fatores de sucesso próprios a este. Ao mesmo tempo, não se deve ficar fora do jogo no novo mercado. Como, quando seu nome é Nivea, fazer uma propaganda elaborando uma verdadeira propaganda de batons ou desodorantes?

Ainda aqui, é na ação progressiva que esse equilíbrio se encontra.

9

Antecipe a usura do tempo

Na maioria das companhias, os portfólios de marcas comportam marcas recentes e outras mais antigas, para não dizer velhas. Se, por um lado, estas últimas dificilmente empolgam as diretorias de *marketing* e os jovens administradores, por outro, não representam menos tonelagens que freqüentemente são muito importantes e, por conseguinte, menos lucros. Uma marca como a Ricoré é, por exemplo, na França, uma das marcas mais rentáveis da Nestlé France. Entretanto, é uma marca local antiga.

Algumas marcas bem antigas parecem ainda atuais e outras, mais recentes, parecem já datadas: é o caso da Coca-Cola, por exemplo, e da Chevignon ou da Naf-Naf. Como isso se explica? Toda a dificuldade reside no equilíbrio entre identidade e mudança. Aí está o paradoxo da marca. Como construir uma marca, ou seja, uma referência precisa, em um ambiente no qual tudo muda: a concorrência, os revendedores, os consumidores?

O PARADOXO DA MARCA

O que é uma marca, basicamente, se não a referência de uma ou várias qualidade(s) e valor(es)?

Para adquirir esse *status* de referência, de contrato, é necessária uma constância no tempo: *saber permanecer intangível na proposta básica feita pela marca.* Quando se fala da marca como um valor imaterial, intangível, deve-se, portanto, tomar o termo intangível em seus dois sentidos para entender a lógica da marca: intangível em relação a material, mas também em relação a mutante. O vocabulário se revela sensato, pois lembra que o que mais se deve preservar, guardar intacto no tempo, é justamente o intangível, o imaterial da marca. Uma marca que não fizesse evoluir a sua faceta tangível, material, seus produtos, rapidamente se tornaria obsoleta. A extensão de marca nos mostra também que uma marca nascida em um mercado pode dominar outros: nascida de uma caneta esferográfica, a Bic agora significa também barbeador descartável ou isqueiro no mundo todo. Os produtos da Bic são vários, mas o seu contrato permanece intacto: a Bic assina produtos de uso diário, simplicando a vida, descontraídos, de qualidade, ainda que baratos. Assim, não se torna marca de referência a não ser permanecendo fechada no tempo em seus princípios e valores, renovando os produtos para adaptá-los às expectativas sempre crescentes de qualidade e serviço de seus consumidores. Além disso, as novas entrantes mais eficientes fixam novos padrões sobre o que a qualidade significa.

A identidade da marca só é criada, portanto, pela constância do contrato. Ora, ao mesmo tempo, o mercado não pára de evoluir: tudo muda constantemente.

Por exemplo, novos estilos de vida surgem, anteriormente quase não levados a sério pelos atores principais do mercado, antes de estes perceberem que deixaram uma grande oportunidade para trás. A Rossignol e a Salomon, símbolos do olimpismo e da competição, não perceberam, no início da década de 1990, que as tribos de jovens *snowboarders*, vestidos de maneira bizarra, prefiguravam uma revolução no mundo dos esportes de inverno. Esses jovens, adeptos de emoção, diversão e estilo, recusam a competição e estão, portanto, opostos aos valores tradicionais trazidos há 50 anos por essas marcas, as quais preferem trocar pela Burton, Oxbow ou Quicksilver, cometas vindos de um outro mundo. Atualmente, na Rossignol e na Salomon, nem se tem mais certeza de que sobrarão muitos esquiadores tradicionais daqui a 20 anos. Ter-se-á compreendido que a mutação em questão, para essas duas marcas mundiais consideradas até então indestronáveis, diz respeito exatamente a bem mais que seus produtos: elas sabem fabricar *snowboards*. Na realidade, trata-se de mudar seu sistema de valor completo, isso se quiserem continuar pertinentes...

Novos circuitos de distribuição ou de acesso aos consumidores agitam as tradicionais cadeias de valores[1] e fazem surgir do nada líderes desconhecidos: Dell, Amazon, Yahoo!, eles próprios portadores de uma outra cultura. Se, hoje em dia, a consumidora de uma cidadezinha provinciana qualquer pode agora encontrar produtos cosméticos da Nivea, Maybelline

---

[1] SLYWOTZKY, Adrian & MORRISON, David. *A estratégia focada no lucro*. Rio de Janeiro: Ed. Campus, 1998.

ou Pond's no supermercado, para que serve então a Yves Rocher e o seu *marketing* direto?

A técnica também desestabiliza até mesmo as marcas alimentícias mundiais. A Nescafé sempre foi concebida como uma alternativa ao verdadeiro café, quando não se quer gastar tempo para prepará-lo ou quando não se sabe fazê-lo. Atualmente, as últimas cafeteiras da Moulinex ou Krups são brincadeira de criança e fazem o melhor dos cafés. O que restaria então à Nescafé como justificativa, pertinência, isto é, valor agregado? Evidentemente, posicionar-se como alternativa ao café já atingiu os seus limites. A Nescafé deve se tornar uma megamarca autônoma, desejada por si só, como a Coca-Cola.

MUDAR PARA DURAR

Para durar, é preciso saber mudar. Esse é o paradoxo da marca. Acontece com as marcas, da mesma forma que para os atores ou cantores: alguns não param de se repetir, satisfazendo, assim, um público fanático do gênero mais restrito. Outros sabem surpreender, mudando de gravadora, temas, o que os torna mais complexos, abre-os para clientelas diferentes, ampliadas e lhes permite atravessar o tempo.

As marcas que durarão são aquelas que souberem multiplicar as entradas em seu território.

Entra-se no mundo da Calvin Klein pelo Obsession, o tórrido; CK One, o andrógino; Eternity, o amor idealizado; etc. Se a Calvin Klein apenas expusesse, no decorrer do tempo, o tema da sexualidade tórrida, não teria o mesmo porte de marca. Na realidade, a Calvin Klein é a marca da forte expressão de emoções. Porém, existe somente uma emoção. Cada perfume permite uma renovação e surpreende o mercado que achou que tivesse rotulado essa marca como sulfurosa de uma vez por todas.

As extensões de linha permitem essa mistura necessária entre renovação e constância, com a condição de dar uma certa personalidade a essas extensões. As extensões da Vache Qui Rit não são apenas variantes de gosto ou textura: a Vache Qui Rit de cabra acrescenta um toque de impertinência, assim como a Orangina vermelha acrescenta transgressão a essa marca, tão bem vista pelos pais (e, conseqüentemente, por muito menos adolescentes).

Há, portanto, uma necessidade de decidir constantemente o que é inflexível na marca e o que pode mudar: em outras palavras, o que faz parte do núcleo de resistência e quais são os traços mais periféricos? Se existirem elementos demais na parte inflexível, limita-se a evolução da marca. Até mesmo a parte imaterial deve evoluir: o próprio intangível não pode permanecer inflexível. Isso leva muitas vezes a revisões dilacerantes, bastante emocionais e freqüentemente mal vividas: por exemplo, a noção de luxo não faz parte do núcleo central da marca Mercedes. Ela está associada a alguns de seus produtos (o classe S), mas mais a outros (o classe A).

CONHECER O NÚCLEO CENTRAL DA MARCA

Como saber o que pode ou deve mudar na marca sem que esta perca o seu espírito? A expressão "de volta para o futuro" resume bem uma das respostas. Entender as razões do sucesso inicial de uma marca, por que ela foi eleita marca, permite rememorar a equação de partida. Não se trata de arremedar o passado, relançando, por exemplo, o new Beetle, ou o novo 4L da Renault. Deve-se reencontrar o contrato da marca na sua expressão mais simples: para a Mercedes, avanços para o carro; para o Axe, a sedução. Em uma segunda etapa, perguntar-se sobre a maneira atual de respeitar esse contrato: hoje, a sedução machista do lançamento de Axe não tem mais utilidade. A sedução moderna expressa-se de maneira ambígua na androginia, no bissexualismo etc.

Os consumidores fornecem também um esclarecimento sobre o que constitui o intangível da marca, seu núcleo central. Todavia, não se deve jamais esquecer que os consumidores não têm uma visão a longo prazo do interesse da marca. Seus pontos de vista são úteis para a decisão, mas não podem substituí-la.

Se os estudos qualitativos permitem abordar o núcleo central de uma marca, a teoria das representações sociais fornecerá as bases de uma quantificação indispensável pela importância das problemáticas estratégicas. Saber-se-á decidir sem fatos.

Para conhecer o núcleo da marca, os estudos de imagem não são suficientes. Estes medem os traços espontaneamente associados ou atribuídos à marca. Entretanto nada diz que esses traços são indissociáveis da definição da marca e que, conseqüentemente, se não estivessem aí, tratar-se-ia de uma outra marca, de um homônimo.

O pai da concepção do núcleo central não é um homem do *marketing*, mas Salomon Asch, um psicólogo universitário americano que trabalhava, em 1948, na formação das impressões. Ele constatou que, na descrição de uma pessoa, certos adjetivos (como quente/frio) pareciam exercer uma influência determinante na percepção global dessa pessoa. Esses adjetivos ou traços produziam a representação e os outros traços utilizados pelos sujeitos para descrever essa pessoa. Eles tinham, portanto, uma função quase genética e estruturante.

Pode-se estender a metodologia de identificação dos traços do núcleo da identidade às marcas. O essencial é medir não a associação de uma característica da marca, mas se a sua ausência modifica profundamente a marca, a ponto de não se tratar mais dela. Uma nova pergunta nos questionários de imagem permite alcançar o núcleo central percebido pelos consumidores.

FIDELIZE: OS LIMITES DO PENSAMENTO ÚNICO

O maior defeito das marcas é continuar adquirindo novos consumidores. Em um período em que o pensamento único parece repressor em *marketing*, só se fala em fidelização, em manter os clientes, em o valor do cliente ao longo da vida, de *marketing* de relacionamento. Certamente, o destaque à fidelização dos melhores clientes é necessário. Os dados sobre a rentabilidade dos clientes fidelizados, que cresce com o tempo, devem ser integrados e aplicados por todas as empresas. Daí a ênfase muito legítima na satisfação dos clientes; o reconhecimento dos melhores clientes; a constituição acelerada de bases de dados de clientes; a criação de programas relacionais com eles; a introdução de bônus ou programas de fidelidade; as *hot lines* de assistência à clientela etc. Nem se contam mais as ferramentas do pós-*marketing*!

Sob essa perspectiva, a busca de novos clientes, geralmente pequenos no começo e muitas vezes vindos da concorrência, parece dizer respeito ao *marketing* de outrora. Todos conhecem a comparação dos custos de aquisição de um novo cliente em relação a um já existente.

A ênfase na fidelização não deve fazer esquecer que a taxa de penetração e a taxa de fidelidade estão relacionadas. Aliás, é uma das oportunidades específicas das grandes marcas: elas acumulam simultaneamente uma penetração mais forte do mercado e uma fidelidade mais forte. O pesquisador britânico A. Ehrenberg demonstrou em 1972[2] que a taxa de fidelidade de uma marca, como, aliás, as quantidades médias consumidas por cliente, estava correlacionada com a sua taxa de penetração.

---

[2] EHRENBERG, Andrew. *Repeat Buying* (2nd ed.). London: Edward Arnold, 1972.

PENETRAÇÃO E FIDELIZAÇÃO ESTÃO RELACIONADAS

Marca	Taxa de penetração	Taxa de exclusivos	Volume por comprador
Maxwell	24%	20%	3,6
Sanka	21%	20%	3,3
Tasters Choice	22%	24%	2,8
High Point	22%	18%	2,6
Folgers	18%	13%	2,7
Nescafé	13%	15%	2,9
Brim	9%	17%	2,0
Maxim	6%	11%	2,6

Fonte: A. Ehrenberg, 1972.

Por conseguinte, é difícil aumentar a longo prazo a fidelidade sem a penetração. O futuro de uma marca consiste, portanto, em satisfazer os seus clientes atuais para aumentar os volumes consumidos por cada um deles e a sua taxa de sustentação, mas também seduzindo novos clientes constantemente, para aumentar a sua taxa de penetração.

O problema é que, entre os novos clientes, a marca em questão muitas vezes representa nada: na pior das hipóteses, representa o passado. Portanto, o terreno é indiferente e, ao mesmo tempo, hostil. De qualquer forma, deve sempre ser reconquistado. É o que acontece especialmente nas novas gerações.

A VALA GERACIONAL

Poucas variáveis são tão segmentadoras quanto a idade. Cada faixa etária tem uma unidade formada pelo fato de ter vivido os mesmos eventos históricos. Ela está ligada pelos mesmos problemas de existência, trabalho, amor. Assim, falou-se das gerações antes e depois da AIDS. Enfim, ela vibrou com as mesmas alegrias, músicas, filmes, ídolos e marcas admiradas. A conseqüência é que as marcas que visam a uma mesma faixa de idade devem constantemente redescobrir novas pessoas e provar a sua pertinência em relação a elas. O problema, como acabamos de salientar, é que muitas vezes a marca nada representa para elas.

Vamos tomar o caso da Damart, cujo *savoir faire* é o conhecimento do universo da terceira idade. Como fato único na história da humanidade, muito em breve vão-se encontrar duas gerações aposentando-se ao mesmo tempo. Não será raro para uma mulher de 58 anos, prestes a se aposentar, ir fazer compras com ou para a sua mãe. Será que ela aceitará vestir as mesmas roupas, as mesmas marcas que a sua mãe, mais idosa? Poder-se-á seduzir as duas gerações? Além disso, os homens e as mulheres de 60 anos não vão parar de tentar apagar os sinais exteriores de sua idade: certamente, querem os produtos adaptados à sua morfologia, sua sensibilidade, mas com marcas padronizadoras, aquelas que trabalharam as suas imagens junto a eles quando ainda tinham 40 ou 50 anos. Portanto, o paradoxo das marcas da terceira idade, se quiserem durar, é que devem estar no nível dos produtos, mas não da simbólica ou do reflexo dos consumidores. Isso explica o sucesso das linhas especializadas das gigantes da venda por correspondência como La Redoute ou Les Trois Suisses, cuja reviravolta de coleção, mais estilosa, mais jovem, as isenta de qualquer sinal envelhecedor.

A Naf-Naf e seu famoso leitãozinho é tipicamente uma marca divertida dos anos 80, a exemplo da Kookaï ou da Chevignon. Ela visa a faixa de 18-25 anos. Porém, os de 1989 não são os mesmos de 1999. Estes últimos foram marcados pelo *rap*, pela banda NTM, pelo filme "O Ódio", pelo Obsession da Calvin Klein, Gap, Zara etc. Nesse contexto, aquele que carrega os traços da marca (o leitãozinho) assina uma época passada. Associar indefinidamente a marca a esta efígie animal é solidificá-la e assinar a sua temporalidade.

Na sociedade pós-moderna, a transmissão dos hábitos e costumes se faz cada vez mais pelos semelhantes e não pela família. É uma fonte de não-envolvimento, de distância em relação a certas marcas. Assim, antes, as mães ensinavam as filhas a cozinhar. Isso era feito em volta do multiprocessador Moulinex ou da panela Seb. Essas marcas herdaram delas uma proximidade emocional, uma familiaridade que as tornava insuperáveis. Essas práticas desapareceram em larga escala, o que enfraquece a relação da Moulinex e da Seb em seu mercado, mesmo o doméstico.

A conseqüência é que, agora, é dever das próprias marcas assegurar a aprendizagem transgeracional. Porém, é delicado ter sido consumido pelos mais velhos: cada geração cria para si as próprias marcas, as próprias referências. Por exemplo, o sucesso notável da Télérama se deve ao fato de que essa revista soube captar a sensibilidade de 1968, dos *baby-boomers* franceses, com um sistema de valores agora deslocados em relação à sociedade atual. Seus leitores nunca foram tão fiéis a esse jornal, cujo nome sugere televisão, mas no qual se fala essencialmente de outras coisas: arte, cultura, sociedade, cinema, fotografia, ópera, música etc. Mas qual é o futuro da Télérama? Os jovens de hoje que vibram mais na Virgin do que na Fnac lerão a Télérama amanhã?

Deve-se fazer uma extensão da Télérama para jovens? Essa questão geralmente lembra mais a necessidade de um *marketing* dual.

PARA UM *MARKETING* DUAL

Muito freqüentemente, dentro da empresa, faz-se a seguinte pergunta: devemos aumentar o nosso envolvimento junto aos atuais clientes ou investir em novos alvos, novas gerações? Atualmente, essa questão não faz mais sentido. O cliente atual é a fonte indispensável de lucro imediato. Certamente, é preciso fidelizar, mas, ao mesmo tempo, trabalhar nos futuros clientes em potencial. A hora não está mais no "ou", mas sim no "e", para parafrasear Collins e Porras em seu livro "Feitas para durar"[3].

Muitas forças se opõem a esse *marketing* dual[4]. É freqüente que, no interior da empresa, as menores dificuldades encontradas nos alvos de renovação de clientela sejam atribuídas à própria marca, à sua ilegitimidade decretada como irremediável diante desses novos segmentos. Esse diagnóstico muitas vezes parece mais um bode expiatório do que uma análise real. Não é mais um problema de produto inadequado às expectativas novas e inquietantes desses novos prospectos? Com muita veneração ao presente produto, não se prepara para o futuro. A Yoplait demonstra a sua modernidade lançando o Zap na França e nos EUA junto às gerações que não querem mais usar a colher. A Smirnoff, a líder, compreendeu que os novos bebedores de vodca não queriam mais beber a sua vodca em um copo: por isso a criação da Smirnoff Mule, um pré-mix original que agora é bebida na garrafa, como cerveja, nas redondezas dos *pubs*.

O *marketing* dual encontra uma outra forma de resistência interna: o excesso de marca! Para seduzir os jovens, até então atraídos exclusivamente pelas novas Vespa Typhoon ou Booster, foi preciso primeiro convencer a diretoria de motos Peugeot a não destacar demais a marca, mas salientar a Hi-Power, a marca filha, com Peugeot escrito em letras menores. Graças a um ambiente gráfico do tipo *tag*, a um bom produto e a uma rede bem implantada, foram vendidas 25.000 unidades em 18 meses, superando qualquer expectativa. Souberam tornar o produto excitante, ultrapassando o convencional.

As forças de venda contribuem, às vezes, para a inércia. É verdade que a prospecção das novas gerações em seus lugares de predileção expõe

---

[3] COLLINS, James & PORRAS, Jerry. *Feitas para durar*. Rio de Janeiro: Rocco, 1995.
[4] ABELL, Derek. *Administrando com dupla estratégia*. São Paulo: Pioneira, 1995.

a uma recepção fria, para não dizer hostil. Isso constrasta com o bom clima relacional ou a impressão de conhecer-se bem sentida nos canais tradicionais com revendedores habituais. Foi preciso energia e coragem para a força de venda da Ricard, quando solicitou-se que entrasse em contato com as salas dos alunos das escolas de comércio ou universidades, boates, bares temáticos, todos partidários das bebidas alcoólicas anglo-saxãs ou das cervejas *tex-mex*. Dez anos depois, os fatos estão aí. Longe de ser percebida como uma marca de uma outra geração, exótica, provençal, a Ricard é levada a sério em todos os lugares que fazem moda e pelos DJs, pois a marca soube animar essas redes com os seus valores próprios e produzir alianças, por exemplo, com a NRJ para o Ricard Live Music – uma série de *shows* de *rock* gratuitos que, de 1988 a 1998, reuniram 3.900.000 jovens. Nesse meio tempo, ela havia recrutado, formado, motivado e dado meios para uma nova força de venda, bem mais jovem, em condições de aproximar a marca desse alvo, tanto no sentido literal como no figurado.

Vê-se, com freqüência, mencionar o risco de ferir os atuais clientes da marca, chocados por um tom muito diferente, utilizado para seduzir os mais jovens. Esse risco é amplamente superestimado. No caso da Ricard, os circuitos de distribuição, os lugares de consumo são herméticos: as pessoas de 18-25 anos não freqüentam as mesmas festas ou lugares que os mais velhos. É por isto que, se quiséssemos rejuvenescer o público da Télérama, seria preciso utilizar o canal de distribuição da juventude, isto é, criar uma Télérama digital na Internet, com um conteúdo direcionado, avaliações de trechos de discos ou críticas de filmes. Existem poucos riscos em ver a clientela habitual, que folheia a sua Télérama, passar diante de seu iMac para vibrar com ela. Várias revistas já deram o exemplo.

O Wall Street Journal sentiu fortemente a necessidade de atrair a clientela dos jovens que não lêem mais necessariamente um diário econômico por dia, mas que se interessam por economia e negócios. Foi lançada uma versão digital do jornal na Web, com sucesso em relação aos seus objetivos: 65% dos assinantes da versão digital não assinavam a versão impressa. Diante do mesmo problema de renovação de clientela, o Reader's Digest decidiu atingir as famílias jovens[5], propondo, na Internet, números especiais temáticos como "Como proteger seus filhos da droga" e organizando fóruns de discussão em torno desses temas. Essa antiga marca soube tirar partido da Internet para suscitar uma comunidade em torno dos sujeitos envolvidos e de seu nome.

[5] SEYBOLD, Patricia. *Clientes.com*. São Paulo: Makron Books, 2000.

UM PROCEDIMENTO PERMANENTE

O procedimento da Ricard é interessante por ter sido pró-ativo. Ao prever um risco de ver a idade média de seus consumidores se elevar, a marca tomou a iniciativa de construir novas bases em novos consumidores. A maioria das marcas reage bem mais tarde, quando a análise minuciosa dos dados revela que não se recruta mais novos clientes, mas que se vende cada vez mais aos mesmos. Neste último caso, a revisão deve ser ainda mais dilacerante.

Assim, a Mercedes constatou que a sua clientela envelhecia. Até mesmo os proprietários do modelo pequeno, o classe C, tinham em média mais de 50 anos. Para modificar profundamente a tendência e estabelecer-se entre os de 35-40 anos, a Mercedes abandonou um traço de imagem até então indissociável da marca: o luxo. A marca procurou munir-se de novos atributos que lhe faziam falta junto aos automobilistas mais jovens: a empatia, o hedonismo e a solidariedade. Isso se traduziu pelo lançamento de uma oferta bastante diversificada, longe do rígido três-volumes automobilístico, símbolo do carro da elite diplomática. Assim, descobriu-se um pequeno *roadster*, um 4x4, um monovolume (o famoso Classe A), tantos eram os sinais que a marca agora ouvia o mercado e seus novos modos de vida.

Outras marcas se dobram para se adaptar à segmentação por idade: a Armani criou Emporio Armani, a Boss lançou Hugo.

CRIAR NOVOS PROTÓTIPOS

O exemplo da Mercedes ensina que, para rejuvenescer, a marca deve criar novos protótipos. O conceito de "protótipo" não remete à noção técnica de um pré-modelo. Ela é baseada em um dos recentes avanços da psicologia cognitiva sobre a compreensão de conceitos vagos. Devemos reconhecer que as marcas modernas também se tornaram conjuntos vagos. Não se sabe mais onde terminam as suas fronteiras: a Danone era iogurte, também é marca de biscoitos no exterior e lança uma água mineral Danone, assim como a Nestlé.

No cerne da representação que se faz desses conjuntos vagos chamados de marcas, existe o "protótipo", isto é, o produto que resume, carrega essa representação. Quando se pergunta às pessoas o que é, por exemplo, "um jogo", elas têm dificuldade para dar uma definição curta e completa. Em contrapartida, citam com facilidade o que para elas é um jogo típico. Esse é o protótipo. Da mesma forma, os consumidores têm dificuldade em definir o que é a "Danone", mas podem, de qualquer modo, dar um exemplo típico, que varia de acordo com os indivíduos. É o protótipo que carrega, na verdade, a imagem da marca, como mostra a comparação de sua imagem com a da marca em geral (ver pág. 92).

Conseqüentemente, para mudar a imagem de uma marca, é preciso criar para ela um novo protótipo. Considerada a dificuldade de substituir uma representação por uma outra para um mesmo cliente, esse novo protótipo inserir-se-á mais facilmente na memória dos alvos novos. Na Mercedes, o Classe A tem a vocação para se tornar o novo protótipo da marca, aquele que carregará seus novos traços junto aos alvos de renovação. Como se vê, a inovação do produto é a condição necessária do rejuvenescimento da marca.

FUNDO DE MARCA E FRENTE DE MARCA

A gestão moderna da marca impõe, portanto, que ela não se feche dentro de uma concepção rígida do fundo de marca, de sua "essência" e de seus traços considerados intangíveis. Se é necessário estabelecer uma forte coerência no tempo graças à carteira de identidade de marca, a marca deve, entretanto, surpreender para continuar empolgante. Essa é a função das "frentes de marca", cabeças-de-ponte inesperadas cujo objetivo é evitar uma visão solidificada demais daquilo que a marca é ou não é.

A Michelin poderia, por exemplo, lançar um linha de pneus coloridos: de fato, é preciso recusar o fechamento dentro de um pensamento que queira que a seriedade dos produtos e da marca não consinta em uma certa alegria de viver. O perigo do fundo de marca, essa ferramenta de gestão, é que ele se preocupa apenas com o núcleo central da marca. Ora, esta evolui através de suas fronteiras, de sua periferia. Da mesma forma, alguns produtos inicialmente atípicos se tornam, com o tempo, novos protótipos da marca, demonstrando a sua pertinência. Sem uma incursão na sedução por meio das linhas de batom, a marca Nivea teria mantido a sua pertinência, sua atração em relação à nova mulher européia, mesmo que o essencial de sua oferta continuasse focalizada nos cuidados com a pele?

AUDÁCIA DA COMUNICAÇÃO

Não se poderia rejuvenescer a marca sem tocar em seus sinais, sua expressão publicitária, especialmente quando se quer enviar sinais nítidos ao mercado. A dificuldade do *marketing* duplo é exacerbada quando se trata da publicidade. Teme-se demais que a sedução das novas clientelas não herde os clientes que constituem o fundo de comércio. A experiência mostra que existem mais reticências na empresa do que entre os próprios clientes. Não devemos esquecer que a marca deve gerir o reflexo de sua clientela. O reflexo é a idéia que se faz dos clientes da marca. Por exemplo, tem-se a idéia de que o consumidor típico da Coca-Cola é jovem, o que é apenas um reflexo: de fato, todas as parcelas da sociedade a bebem. Ela é até mesmo o refrigerante mais vendido entre os idosos, uma categoria cujo peso demográfico é crescente.

O papel da publicidade é sempre valorizar a clientela: a marca é uma fonte de valor agregado. É por isso que, quando se testa previamente junto aos clientes atuais de uma marca campanhas que não se destinam a eles, estes se revelam mais abertos do que se imagina. O fato de que a sua marca está se tornando transgeracional prova a sua pertinência, a sua capacidade de não inserir o seu usuário em um tempo passado. Ela o valoriza aos seus próprios olhos, se não também aos dos outros.

REPOSICIONAMENTOS: LIBERE OS OBSTÁCULOS DO PASSADO

Na vida da marca, com o declínio das vendas, vem a necessidade do reposicionamento. Assim, a Yoplait lançou um queijo branco macio e delicioso em 1988 com o nome Ofilus *double douceur* (dupla suavidade) da Yoplait. As vendas subiram até 10.000 toneladas em 1990, antes de caírem lentamente. Inicialmente, tentou-se um *lifting* da embalagem em 1992, antes de abandonar qualquer referência ao bifidus em 1994, em vão. Em 1998, as vendas não passavam de 5.400 toneladas. O conjunto foi reposicionado como "Perle de Lait" ("pérola de leite") da Yoplait ("meu gesto de beleza gulosa") e permitiu relançar as vendas a partir de 1999 com 7.200 toneladas. Esse caso é interessante pela metodologia adotada: em nenhum momento, na busca por novos posicionamentos possíveis, foi considerado obstáculo o fato de não se afastar do posicionamento anterior ou das raízes da marca. Livre de qualquer obstáculo, o grupo pluridisciplinar de trabalho elaborou caminhos produtivos que foram apresentados a grupos de consumidores em um processo interativo.

Devemos reconhecer que, em geral, nas tentativas de reposicionamento a fim de estabelecer vendas em forte queda, tenta-se conservar ao máximo o básico da marca, seus ativos. O resultado é a falta de audácia nas propostas. Além disso, basicamente, se a marca vai mal, é porque seus pretensos ativos de marca não fazem parte dela. É melhor liberar as energias e a criatividade na fase de busca, sob o risco de os próprios consumidores decidirem emendar ou não as propostas para levá-las de volta à identidade anterior, o que, nesse caso, não foi feito.

Conclusão

Atualmente, cada um quer ter a sua marca. Os revendedores certamente querem reduzir o poder e o espaço na prateleira das marcas nacionais e internacionais, mas a fim de impor a sua própria marca. O mesmo acontece com os fabricantes de componentes nos produtos acabados: querem ter o direito à visibilidade de sua marca nesses mesmos produtos acabados. No momento em que a insegurança assim exige, as empresas querem notificar a qualidade de seu desempenho, comunicando a sua adesão a uma norma (ISO ou qualquer outra); vem-se florescer outras marcas ainda: a do selo de qualidade e a do órgão certificador responsável, como o Bureau Veritas. Nunca tantas marcas quiseram participar da criação do valor percebido. É verdade que, em retorno, todos procuram se apropriar da parte maior do valor agregado.

Em uma época em que as grandes referências estatutárias desabam, e em que as divisões tradicionais se atenuam, as marcas fornecem a base de novas lealdades, escolhidas voluntariamente. A potência das marcas se mantém justamente nesse vínculo que cada uma consegue tecer entre seus clientes e ela própria. Os anglo-saxões têm uma palavra-chave para isso: *bonding*. Esse vínculo, feito de sentimento de exclusividade, de insubstituibilidade, tanto para os benefícios tangíveis como pelos valores intangíveis, cria uma comunidade de pessoas que se deve qualificar mais como adeptos do que como clientes. Mais do que em fidelidade, deve-se falar aqui em comprometimento recíproco. O ideal de cada marca é criar esse vínculo indefectível e único.

A identidade da marca está no centro desse vínculo: o sistema de valores que a marca atribui a si, fruto de sua herança, de seu passado, de seus genes, mas também da vontade com que ela se dedica para se projetar no futuro. Quem fala em identidade, quer dizer: ser próprio, ser único, ser verdadeiro.

Com muita freqüência, nas empresas, esse trabalho fundamental sobre a identidade da marca não é entendido ou levado a cabo. É preciso, primeiramente, conhecer-se e saber quem se quer ser, para poder se ater a isso com o passar do tempo e, assim, fazer da marca uma referência de valores única que estabeleça a função de toda marca. Isso é necessário para poder se adaptar a uma realidade em mudança perpétua.

Quando não se conhece os valores de sua marca, muitas vezes se pratica, então, sem saber, um gerenciamento por imitação. Não sabendo quem ela realmente é, a marca não tem outra escapatória a não ser se conformar com a segurança ilusória, com as tendências e modas do momento. É verdade que muitas ferramentas do administrador de marca são agentes de conformidade e imitação: os administradores lêem as mesmas publicações, as mesmas revistas profissionais. Eles compram os mesmos estudos de mercado, os mesmos estudos de imagem ou de estilo de vida, tantos são os fatores de imitação e semelhança. Os estudos muitas vezes apenas reaproximam a marca de um ideal comum, ou seja, na verdade, o centro das expectativas do mercado, assim como todas as outras marcas alimentadas pelas mesmas fontes. Todavia, a essência da estratégia é a diferença. A marca encontra a sua verdade em si mesma.

Ao conformismo, à imitação, deve-se, portanto, opor incansavelmente a lógica da marca: a afirmação voluntária de seus próprios valores, representados por produtos e serviços, nos segmentos e mercados que estão em crescimento.

Índice de marcas citadas

A

ABB, 38
Absolut, 38
Accor Tours, 23
Accura, 16
Adidas, 112, 127
Adidas-Salomon, 52
Africa Tours, 23
Air France, 111
Ajax, 60
Allure, 72
Alsacienne, 48
Always, 49
Amazon, 78, 147
America Tours, 23
Amora, 52, 137, 138
Andersen Consulting, 63, 64
Andrélon, 61
Aoste, 100
Apéricube, 135
Apple, 38, 46
Ariel, 14, 49, 56, 113, 134, 140
Armani, 154
Asia Tours, 23
Aspartame, 51
Astra, 49
Auchan, 32
Auto Plus Magazine, 80
AXA, 103, 104-105
Axe System, 142
Axe, 141, 142

B

B'A, 50,
Baars, 21, 22, 23
Baccardi, 113
Bain, 63
Balladins, 102, 103
Ballantines, 101
Banga, 137
Banque Directe, 25, 108
Barex, 46
Barilla, 127
Basic Homme, 143
BCG, 63
Bel, 21
Becel, 143
Berchet, 26
Biactol, 57
Bianchi, 59
Bic, 32, 135, 143, 146
Big Mac, 38, 73
Bio, 18, 25, 50,
Biotherm, 130
Bjorg, 38
Black & Decker, 132
BMW, 108
BNP-Paribas, 25
Body Shop, 39
Bolchevik, 55
Booster, 153
Boss, 154
Bourjois, 70, 92

Boursin, 135, 136, 141
Bouygues Telecom, 86, 87, 114
Brandt, 32, 56, 93, 94
Bricorelais, 102
Bricosphère, 101
Brim, 150
British American Tobacco, 55
Burger King, 38

C

Caldo Maggi, 59
Calor, 132
Calvin Klein, 72, 89, 148, 151
Campagnolo, 52
Canal Plus, 49, 50
Canal Satellite, 49
Canderel, 51
Cannondale, 46, 52
Capital Soleil, 72
Carrefour Cola, 46
Carrefour, 20, 21, 32, 33, 46, 80, 141, 142
Carrefour-Promodès, 5, 99, 226
Castorama, 58, 102
Cégétel, 25
Celica, 16
Chambourcy, 38, 48, 72
Chambourcy-Nestlé, 50
Chanel, 72, 80, 89, 90
Charton, 26
Chevignon, 145
Christian Dior, 88
Civic, 16
CK One, 148
Clairbois, 26
Clan Campbell, 56, 58
Climat de France, 103
CNN, 49
Coca-Cola Company, 19, 29, 58
Coca-Cola, 5, 18, 19, 24, 29, 38, 45, 58, 67, 68, 72, 110, 112, 129, 130, 134, 145, 156

Coca-Cola Light, 134
Cola, 134
Colgate, 55, 56
Compaq, 18, 55, 58
Connex, 25
Continental, 91
Corolla, 16
Corona, 140
Corpus, 18, 141, 142
Cousteron, 22
Crest, 14
Crunch, 25
Crystal Pepsi, 129, 130
Crystal, 61, 129
Cycleurope, 59

D

Daimler-Chrysler, 27
Dalkia, 132
Damart, 151
Danaé, 109
Dan'Up, 39
Danette, 38,
Danoé, 23, 65, 98
Danone, 18, 22, 23, 25, 38, 50, 55, 66, 75, 92, 97, 108, 109, 110, 142, 143, 154
DBS, 59, 61
Decat, 112
Décathlon, 17, 33, 35, 46, 52, 75, 80, 112, 131, 138
Dell, 58, 92, 147
Diam's, 86, 87
Dim, 32, 50, 70, 86, 87, 143
Dior, 89
Disney Channel, 49
Disneycathlon, 17
Domaxel, 101
Dompro, 102
Dove, 142
Drouot, 103

Du Pont de Nemours, 50
Dulux, 58

E

Eau Sauvage, 88
Éléphant, 46
Elle, 55
Elnett, 19, 21, 88
Elsève, 61
Emporio Armani, 154
Enka, 60, 61
Epson, 71
Équitable, 103
Etap Hôtel, 102
Eternity, 72, 148
Europcars, 23
Eurosport, 49
Evian, 25

F

Fanta, 19
Favre, 26
Fiat, 25, 27, 28, 31
Finlândia, 38
Fleury Michon, 88, 100
Fnac, 75, 80, 112
Folgers, 150
Ford Escort, 59
Ford, 27
France Télécom, 86, 87, 88, 114
Friskies, 20
FTM, 88

G

Gap, 16, 151
Gemey, 147
General Electric, 38
General Motors, 25, 27, 107

Générale des Eaux, 28
Géo, 100
Georges Killian, 111
Gervais, 48
Gillette, 143
Gitanes, 46, 52, 59
Givrés d'Orangina, 111
Go Sport, 46, 131, 138
Golf, 90
Good Year, 91
Groupe Continent, 20
Guerlain, 89

H

Harley-Davidson, 42, 109
Havana Club, 113
Head & Shoulders, 140
Heinz, 137
Henkel, 58
Herta, 20, 100
High Point, 150
Hi-Power, 153
Holiday Inn Express, 103
Holiday Inn Garden Court, 103
Hollywood Chewing Gum, 56, 110
Honda, 16
Hôtel et Compagnie, 102
Hugo, 154

I

IBM, 23, 38, 58
Ikéa, 16
IMac, 114
Infinity, 16
Intel, 52, 58
Intersport, 46
Ivory, 14

J

J&B, 101

Jaguar, 79
Jameson, 112
Javel, 59
Jean Caby, 100
Johnny Walker, 101

K

Kildamoes, 59, 139
Kiri, 136
Kit-Kat, 25
Kodak, 71
Kraft, 21, 22
Kronenbourg, 90
Krups, 131, 147
Krystal, 60

L

Label Five, 58
Laboratoires Garnier, 130, 131
Lafarge, 25
Lafuma, 71
Lakmé, 56
Lancôme, 80, 202
Larios, 60, 110
La Redoute, 151
La Roche Posay, 96, 130
La Vie Claire, 38
LC1, 50
Le Chat, 58
Leerdammer, 21, 22, 23
Legrand, 128, 130
Leroy Merlin, 58, 102
Les Trois Suisses, 151
Lever, 140, 141
Levi's, 76, 128
Lexus, 16
Lion, 25
Loft, 86, 87
Look, 51, 52, 138
L'Oréal Paris, 88, 127, 130
L'Oréal, 19, 21, 88, 97, 130, 139

Lustucru, 127
Lycra, 50

M

Macadam, 86, 87
Madrange, 100
Maison Conseil, 101
Mallory, 56, 60, 141
Manufrance, 102
Marks & Spencer, 141, 142
Mars, 13, 15
Maruti, 56, 59
Matsushita, 14
Mattel, 18, 26
Mavic, 52, 127
Maxim, 150
Maxwell, 150
Maybelline, 130, 147
McCann, 71
McDonald's, 36-37, 38, 59, 73
McDonald's francesa, 112
McKinsey, 63
Mercedes, 108, 148, 154, 155
Mercier, 46, 52
Mercure, 23
Merlin Gérin, 26
Michelin, 91, 128, 155
Micmo, 46, 52
Microsoft, 29, 58
Miko, 59
Miller, 111, 140
Miller High Life, 140
Miller Lite, 111, 140
Minute Maid, 18
Mitsubishi, 14, 134
Mobicarte, 86, 87, 114
Modicon, 26
Monark-Crescent, 59
Monsanto, 51
Motorola, 55
Moulinex, 32, 56, 60, 70, 113, 131, 132, 147, 151, 152

Mr. Propre, 49
Muzzik, 49

N

Naf-Naf, 145, 151
Nakamura, 46
Napoléon, 55
Nashua, 48
Nature de Boursin, 136
Nescafé, 147, 150
Nesquik, 17, 141, 142
Nestlé, 18, 20, 23, 25, 32, 42, 51, 53, 59, 60, 66, 72, 109, 143, 154
Nestlé France, 145
New Coke, 129, 134
Nike, 39, 76, 92, 112, 127
Nike Town, 112
Nissan, 16
Nivéa, 32, 72, 88, 111, 139, 144, 147
Nivéa Beauté, 88, 139
Nivéa Visage, 88
Novotel, 23
NRJ, 153
Nuit d'Hôtels, 102, 103
NutraSweet, 51
Nuts, 25

O

Oasis, 138
Obsession, 72, 148, 151
Odyssée, 49
Ola, 86, 87, 114
Olida, 48, 100
Onyx, 25, 48, 132
Opavia, 55
Orangina, 45, 111, 112, 130, 135
Orangina amarela, 135
Orangina light, 135

Orangina plus, 135
Orangina vermelha, 135, 148
Organics, 61, 140
Oxo, 59

P

P&G, 15
Pampers, 49, 113
Pampryl, 46
Pantène, 49, 57, 61, 112
Panzani, 56, 127
Paul Prédault, 100
Pepsi, 55, 129
Pepsi-Cola, 38, 129
Perle de Lait, 157
Pernod-Ricard, 60, 110, 135
Perrier, 20, 42
Petit Filou, 42
Petit Gourmand, 136
Petit Louis, 136
Pétrole Hahn, 61
Peugeot, 35, 46, 52, 80, 89, 90, 95, 96, 153
Peugeot Cycles, 59
Philip Morris, 55
Philips, 93, 94, 132
Planta Fin, 137
Plénitude, 19, 21, 88
Pond's, 147
Porsche, 42
Pringles, 68
Procter & Gamble, 13, 14, 19, 49, 53, 55, 57, 61, 65, 112, 140
Progress, 19, 21, 88
Promodès, 17, 20, 44
Prozac, 45
Prudential, 103
PSA, 27
PSA Peugeot Citroën, 27, 28, 127

Q

Quick, 36-37

R

Raleigh, 46, 52
Reader's Digest, 154
Reckitt & Colman, 58
Redland, 25
Reflets de France, 17, 45
Renault, 35, 51, 82, 89, 148
Revlon, 55
Rhodia, 28
Rhône Poulenc, 28
Ricard Live Music, 153
Ricard, 59, 110, 153, 154
Ricoré, 60, 145
Rivoire et Carret, 127
Ronald McDonald, 73
Rondelé, 141
Roquefort Société, 112
Rossignol, 146, 147
Rouy, 22
Rowenta, 132

S

Saint Hubert, 50
Saint-Marc, 59
Saint-Moret, 136
Salomon, 92, 112, 127, 146, 147
Salomon Station, 112
Samos, 136
Sanka, 150
Sara Lee, 86
Saturn, 92, 107, 108
Saveurs du Soir, 46
Scénic, 35
Schneider Electric, 23, 26, 38
SEB, 132, 151, 152
Senoble, 44

Séphora, 76, 80
Seven Up, 129
SFR, 86, 87
Shimano, 46, 51, 52
Siemens, 38
Skali, 127
Sky TV, 50
Smirnoff Mule, 153
Smirnoff, 38, 153
Société, 112
Sofitel, 23
Sony, 14, 31, 58
Soupline, 104-105
Sprite, 46, 134
Square-D, 26
Studio Line, 88
Sublim, 86, 87
Sunny Delight, 65
Superjouet, 26
Suzuki, 59
Sylphide, 22

T

Tab Clear, 129, 130
Taillefine, 18, 141, 142
Talbot, 48, 166
Tartare, 136, 141
Tasters Choice, 150
Taylor Made, 127
TDF, 50
Téfal, 132, 141
Télécom Mobiles, 88
Télémécanique, 26
Télérama, 152, 154
T-fal, 132
Thomson, 31
Thumb's Up, 58, 59
Tide, 14, 49
Timotei, 140
Toastinette, 135
Tomatissimo, 137
Toshiba, 14

Toyota Corolla, 90
Toyota, 16, 55, 56
ToysToys, 26
TPS, 50
Twingo, 35, 114

U

UAP, 48, 103
Unilever, 15, 46, 53, 77, 125, 135, 140
Uniroyal, 91

V

Vache Qui Rit, 22, 42, 135, 148
Valentine, 58, 59
Vespa Typhoon, 153
Veuve Clicquot, 112
Vicco Vajradanti, 56
Vichy, 25, 72, 96, 97, 130, 143
Vigilantes do Peso, 38
Virgin, 39, 75, 76, 92, 134
Virgin Atlantic, 92
Virgin Megastore, 112
Virgin Pulp, 38
Vittel, 20
Vivendi, 25, 28, 48, 132
Vivendi Water, 26
Vizir, 57

Volkswagen, 89, 90, 127
Volvo, 31

W

Wall Street Journal, 154
Wall's, 59
Wal-Mart, 5, 20, 52
Weldom, 102
William Peel, 58, 101
Windows, 29, 55
Woolmark, 50
WWF, 61

Y

Yahoo!, 78, 80, 147
Yamaha, 13, 14, 134
Yava Gold, 55
Yop, 39, 42, 45
Yoplait, 35, 42, 75, 86, 143, 153, 156, 157

Z

Zap, 42, 153
Zara, 16, 151

Índice

A

Acionista, 27-28
Alimentos-remédios, 50
Alimentício, 25, 28, 50
Automobilística, 26, 35, 75, 89, 127

B

Back-office, 122
Barreiras de entrada, 79
Base de dados, 22, 98, 118-119
Bens de grande consumo, 70
Boca a boca, 68, 78, 96, 122
Brand equity, 86, 107
Business to Business, 26

C

Categoria, 32
Category management, 66-67
Ciclo de vida, 40-41, 86
Circuito de distribuição, 74-75
Cidadão, 23, 28
Co-branding, 18, 46, 52, 123-124
Co-marketing, 65
Comércio eletrônico, 75-77
Comunicação
   corporativa (ver Corporativo)
   de empresa, 28
   institucional (ver Instituição)
   publicitária, 28, 47
Comunicação (setor), 28
Concentração dos fabricantes, 28
Confiança, 21, 24
Consu-ator, 122
Consumidor, 23, 43
Consumer magazine, 97-98, 118
Contrato de marca, 43-45, 118, 148
Corporativo, 5, 15, 20, 23, 28
Cosmética, 25, 35
Credibilidade, 25

D

Desafiantes, 35-38
Desejo, 30-38
Distribuição, 20, 101
Duplo (*marketing*), 152, 156

E

e-business, 65
e-commerce, 75-77
ECR, 66-67
Efeito de limiar, 99-101
Efeito de origem, 20, 25
Emoção, 31
Empresa, 15, 20, 23-24, 28
Envelhecimento, 60

EVA, 39, 63, 66
Extensão de marca, 18, 51, 88, 103, 133-144

F

Farmacêutico (setor), 31, 45
Fidelização, 22-23, 35, 70, 149
Função das marcas, 25, 30-38
Fundação, 28
Fundo de marca, 155

G

Garantia, 25
Genéricos, 31
Globalização, 25-27, 53-61, 103
Goodwill, 63, 70
Grupo, 27

H

Hipermercado, 74

I

Identidade, 33, 42
Imagem, 41, 97-98
Implicação, 43, 78, 96, 120, 123-124, 130, 160
Índia, 55
Influenciadores, 25
Infomediário, 78
Informação, 72, 78
Informática, 46
Ingredientes, 23, 50
Inovação, 26, 35, 70, 88
Interativo, 35
Internet, 25, 45, 69, 74, 82, 120-121

L

Líder de opinião, 25, 96
Luxo, 88, 107

M

Marketing direto, 73, 118
Marketing relacional, 116-125
Marca
 - da casa (*branded house*), 20
 - de fabricante, 32-33
 - de referência, 20, 32-34, 66
 - de serviço, 77-78
 - definição, 20
 - de ingredientes, 50
 - empresa, 13
 - filha, 86, 126
 - fonte, 20
 - global, 23, 53-61
 - guarda-chuva, 13, 20, 43, 134
 - líder, 36-37-38
 - local, 23, 53-61
 - mãe, 19, 87, 126
 - personalidade, 38
 - produto, 14, 134
 - programa, 18
 - própria, 30, 32-34, 43-46, 71
 - vertical, 75
Maturidade (dos mercados), 129
Medicamento, 31, 45
Megastore, 74-75
Megamarca, 92, 104-105, 126-127
Micromarketing, 65
Missão, 35, 38

N

Notoriedade, 77, 99
Núcleo da marca, 38, 42, 141, 148

O

One to one, 22, 80, 118-119
Orçamento, 139-141

P

Pequenas e médias empresas, 44
Personalidade, 38, 45
Portal, 45, 79
Portfólio de marcas, 20, 60, 125-132
Pós-modernidade, 31-33, 150
Produto, 39-46
Protótipo, 35, 38, 92, 154-155
Publicidade, 25, 96, 120

Q

Qualidade, 79, 91

R

Reflexo, 156
Rejuvenescimento, 60, 64, 139, 148-154
Relação, 20, 22, 75, 116-125
Rentabilidade, 48-49
Revendedor, 16, 22, 30, 32-34, 43-45, 116, 118, 122, 130
Risco, 23-25, 30, 38
Rumor (boato), 23, 122

S

Selos, 24, 50
Serviços, 44, 75-78
Serviços (setor de), 25, 103
Situação de compra, 43, 110-113
Stretching
 (ver Extensão)
Supramarca, 19-29

T

Tecnologia, 71
Telecomunicações, 49, 71, 86, 113-115
Transgeracional, 42, 60, 150-152, 156
Transparência, 45-47
Tribo, 78, 114, 122-124, 146

U

Underground marketing, 68, 122

V

Valor, 23, 49, 75, 80, 118
 agregado, 33, 39, 48, 66, 95
 criação de, 33, 39, 75
 para o acionista, 28
Volume *per capita*, 106-115

edelbra

Impressão e acabamento:
E-mail: edelbra@edelbra.com.br
Fone/Fax: (54) 321-1744

Filmes fornecidos pelo Editor.